5分間でやる気脳に

このドリルは、子どもたちが興味を示しそうな内容を、短い文章にしてのせています。

読解学習の基礎・基本を、細かいステップで組み立ててあり、順を追って無理なく学習できます。

短い文章と問いを、ていねいにくり返し読み取ることで、読解力がつくようにしてあります。

子どもが1ページやり終えるごとに、しっかりほめてください。

脳からドーパミン（脳のホルモン）が出て、「やる気が育つ」ことが科学的に確認されています。

「ドリルをする」
↓
「ほめる」
↓
「ドーパミンが出る」
↓
「やる気が育つ」

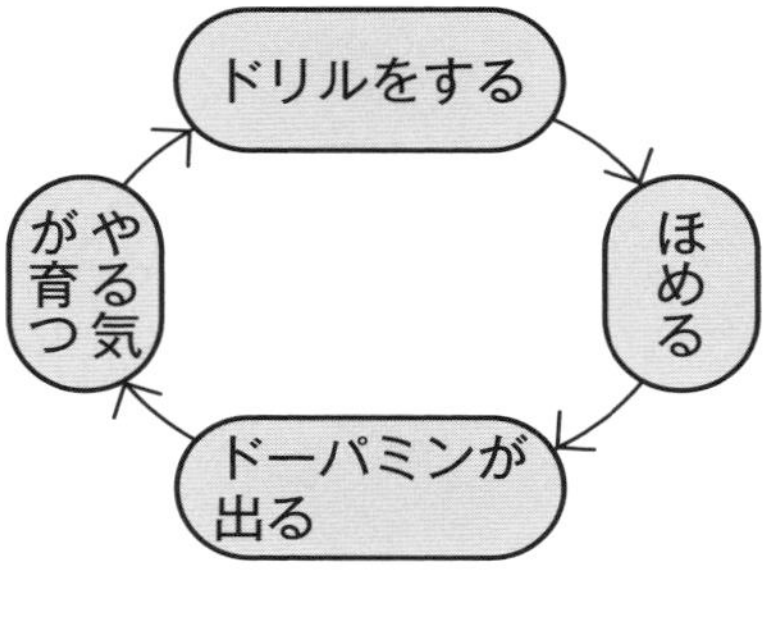

この循環で、子どもの脳はきたえられ、かこくなっていきます。

うなるように工夫して、このドリルをつ

ました。

5分間読解ドリルの特色

●1日5分、集中しよう

子どもたちが興味を示しそうな短い文で設問が少なく、短時間で取り組めます。

●毎日続けよう

家庭学習の習慣が身につきます。

●まるつけも　かんたん

答えはうらのページにのせています。つまった問題は、解答を見て再度挑戦してください。

解説やイラストつき

問題に出てきたことがらがよくわかるように、解説やイラストをつけました。また、楽しく取り組める問題ものせています。

もくじ

タイトル	学習日	色ぬりチェック		
		もうすこし	できた	よくできた
㉖ チーターは、なぜ速いのか	／			
㉗ ゴマで「ゴマ化」そう	／			
具体てきなれい				
㉘ 百さいすぎても元気な食事	／			
㉙ 日食、月食はなぜ食がつくのか	／			
㉚ 生活のちえ（うめぼし）	／			
㉛ 同じイモなのに	／			
㉜ 聞き取りやすい声	／			
理由を考える				
㉝ あし	／			
㉞ カラスのやさしさ	／			
㉟ ピーマンは、なぜ苦い	／			
㊱ 動物にも血えきがたはあるの？	／			
㊲ カメはなぜおそいのか	／			
㊳ 肉食きょうりゅうから生まれた鳥	／			
よう点をおさえる				
㊴ オオアリクイの口	／			
㊵ ドングリをうめるカケス	／			
㊶ 決まった時こくに鳴くセミ	／			
㊷ 冬みんするエゾシマリス	／			
㊸ 動物の口	／			
㊹ シロサイとクロサイ	／			
そう合問題				
㊺ イルカは目が見えているか	／			
㊻ 光るミミズ	／			
㊼ 鬼六（おにろく）（1）	／			
㊽ 鬼六（おにろく）（2）	／			
㊾ 手ぶくろを買いに（1）	／			
㊿ 手ぶくろを買いに（2）	／			

だれ・なに・どうする

空中にとまるハチドリ

ハチドリは、花のみつをすうために、空中に止まっている。このとき、羽を上下するのではなく、８の字をえがくように、羽の表《おもて》とうらを返《かえ》しながら羽ばたいている。この動《うご》きを一秒間《びょうかん》に四十回もしている。

しかも、一時間に百キロも進《すす》む。

そして、あっという間に横《よこ》にもい動《どう》する。

㋐このウルトラわざで、一日に二千もの花のみつをすっている。

---

1 ハチドリは、花のみつをすうため、どうしていますか。（10点）

［　　　　］

2 1のために、羽をどうしていますか。（10点）

① ［　　　］をえがくように羽ばたく。

② 一秒間に［　　］回動かす。

3 ㋐で、一日にどれぐらいの花のみつをすいますか。（10点）

［　　　　］もの花のみつ

〈ハチドリ〉

体長十センチ前後のとても小さい鳥です。「とぶほう石」と言われるぐらい、ハチドリの体は、玉虫色で、光によってさまざまな色にへん化《か》します。

みつをすうハチドリ

こたえ

1 空中に止まっている

2 ① 8の字 ② 四十

3 二千

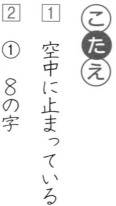

かきのタネとサル

月　日

点/30点

秋になると、かきは赤くなって、おいしくなります。そうなると、サルは、かきを食べに来ます。

サルがかきを食べても、かきのタネは、かたくてヌルヌルしているのでふんといっしょに、そのままの形で出てきます。㋐そのタネは、いつでもめが出るようになっています。

でも、㋑青いかきは、まだ十分にタネができていません。そこで、サルに食べられてはこまるので、葉《は》と同じ色で見つけにくく、味《あじ》も苦《にが》くなっています。

こうしてかきは、サルにタネを遠くまで運《はこ》んでもらっているのです。

---

1 サルは、どんなかきを食べに来ますか。（5点）

［　　　　］かき

2 ㋐は、どうなっていますか。（5点）

いつでも［　　　　］

3 ㋑は、どんなかきですか。（10点）

［　　　　］かき

4 かきは、サルに何をしてもらっていますか。（10点）

タネを［　　　　］まで［　　　　］もらっている。

植物《しょくぶつ》のタネは、自分では動《うご》くことができません。

いろいろな方ほうでタネを運《はこ》んでもらって命《いのち》をつなげていくのです。

① タンポポのように、風に乗《の》る。

② ホウセンカ、パンジーのように、タネをはじかせる。

③ ドングリのように、自分の重《おも》さで転《ころ》がっていく。

そして、このお話のように

④ 動物《どうぶつ》たちに食べられることで運んでもらう。

こたえ

1 赤くなった（赤い）

2 めが出るよう

3 タネができていない

4 遠く
運んで

3 だれ・なに・どうする
するどい歯をもつシロワニ

東京《とうきょう》の小笠原諸島《おがさわらしょとう》にシロワニという、体長二メートルをこえるサメのなか間がいる。海中では、さらに大きく見えるからおそろしい。

㋐このサメ、するどい歯《は》がむき出しにならんでいて、内がわには、もう次《つぎ》の歯がならんでいる。しかも、外がわの歯は、ほぼ一週間で新しい歯にかわるというからおどろきだ。

㋑せいかくはとてもおとなしく、人に向《む》かって来ることはないというが、もぐっていてこれに出くわしたらたまらない。でも、うまくいくと、ぬけ落《お》ちた歯を見つけることができるかもしれない。

---

1 ㋐の名前を書きましょう。（10点）

〔　　　　〕

2 ㋐が、おそろしいと思われるところを書きましょう。（10点）

① 二メートルをこえる体長が、海中では、〔　　　　〕。

② するどい歯が〔　　　　〕にならぶ。

3 ㋑が、わかるところはどこですか。（10点）

〔　　　　〕

〈シロワニ〉

歯《は》はするどいが、せいかくはおとなしい。
世界中《せかいじゅう》のあたたかい海にいる。

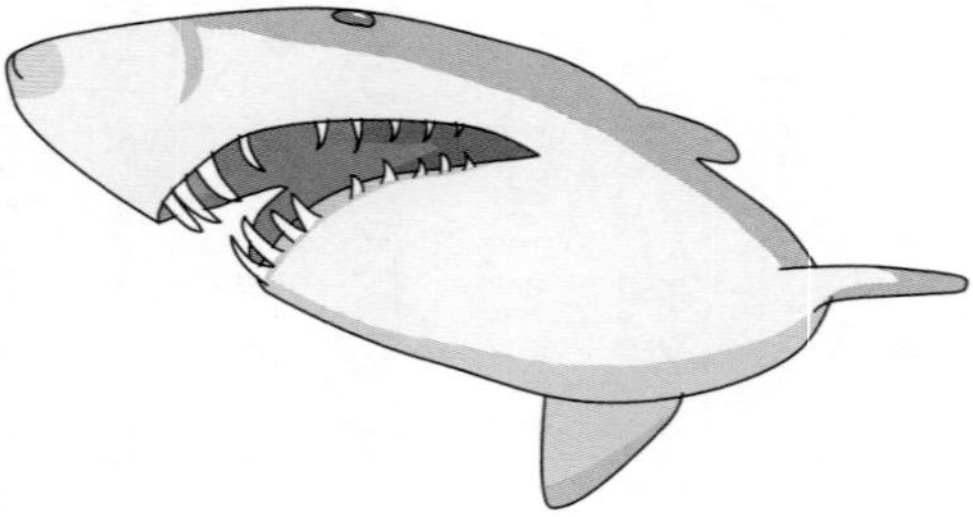

ワニのいない日本では、ワニといえばサメのことを表《あらわ》します。

こたえ

1 シロワニ

2 ① さらに大きく見える
② むき出し

3 人に向かって来ることはない

4 だれ・なに・どうする
アリのえものさがし

月　日

点/30点

すあなから、はたらきアリが数ひきずつ、むれになって出て来た。その中の一ぴきが、弱っているコガネムシのよう虫を見つけた。そして、大急《おおいそ》ぎでなか間に知らせた。

よく見ていると、集《あつ》まってきたアリたちは、よう虫にむらがり、一せいにかみついた。コガネムシのよう虫は、アリよりも大きい。しかし、むれをなして体中をかみつかれると、時間とともに弱り、力つきてしまう。

アリたちは、このえものを運《はこ》びやすいように、バラバラにしてすに持《も》ち帰った。

---

1 ㋐を見つけたのは、何ですか。（10点）

[　　　　　　]

2 1のしたことを、じゅん番に書きましょう。（20点）

・弱っているよう虫を見つけた。

① なか間に〔　　　〕。

② よう虫に〔　　　〕、一せいに〔　　　〕。

③ よう虫を、バラバラにしてすに〔　　　〕。

〈はたらかない「はたらきアリ」がいる!?〉

アリのすには、「つねにはたらくアリ」と「はたらかないアリ」がいます。

こたえ

1 はたらきアリ（一ぴきのアリ）

2 ① 知らせる（知らせた）

② むらがり かみつく（かみついた）

③ 持ち帰る（持ち帰った）

おしょうさんとこぞう①

大そうけちんぼな、おしょうさんがありました。※

よそから何かをもらっても、いつでも自分一人で食べてしまい、こぞうには一つもくれません。こぞうはそれをくやしがっていました。いつかすきを見つけて、食べてやろうと考えました。

ある日、おしょうさんは、だん家《か》から、大そうおいしいアメをもらいました。おしょうさんは、そのアメをつぼの中に入れて、仏《ぶつ》※だんの下にかくしました。そして、ないしょで一人アメをなめていました。

※おりました、いましたの意味《いみ》
※仏《ぶつ》ぞうなどをまつっておくところ

---

1 おしょうさんは、よそからもらったものをどうしていましたか。（10点）

［　　　　］

2 1だから、こぞうは、どうしようと考えていましたか。（10点）

［　　　　］

3 おしょうさんは、だん家からもらったアメをどうしましたか。（10点）

・つぼの中に入れた。
・仏だんの下に［　　　　］。
・一人アメを［　　　　］。

ばらばらの部分《ぶぶん》を組んで、漢字《かんじ》にしましょう。

① 白 亻 一 宀 ⇒ □

② 勿 日 一 阝 ⇒ □

こたえ

1 （いつでも）自分一人で食べていた（食べる）

2 （すきを見つけて、）食べてやろう

3 かくした
なめた

① 宿（やど）
② 陽

おしょうさんとこぞう②

月　日

点/30点

　ところがある日、おしょうさんは、用事《ようじ》があって外へ出て行きました。出て行きがけに、おしょうさんはこぞうに、

「この仏《ぶつ》だんの下のつぼには、㋐大事なものが入っている。見かけはアメのようだが、ほんとうは、一口でもなめたら、ころりとまいってしまうどく薬《やく》だ。命《いのち》がおしいと思ったら、決《けっ》してなめてはならないぞ。」

と言いおいて、出て行きました。

　おしょうさんが出てしまうと、こぞうは、さっそくつぼを引きずり出して、のこらずアメをなめてしまいました。

1　おしょうさんは、㋐は何だと言いましたか。（5点）

2　1は本当は、何ですか。（5点）

3　おしょうさんは、㋐をなめたらどうなると言いましたか。（10点）

［　　　　］

4　こぞうは、㋐をどうしましたか。（10点）

［　　　　］

〈その後のお話〉

おしょうさんが帰ってくると、大切にしていた茶わんがわれていた。

　そのわけをこぞうに聞くと、こぞうは、「おしょうさんが、大切にしていた茶わんを、あやまってわってしまったので、おわびに死《し》のうと、あのつぼの中のどく薬《やく》をすべてなめたのですが、まだ死ねません。」と言った。

　そこで、おしょうさんは、「これは、まいったわ。」と言い、それからは、もらったものは、いっしょに食べることになった。

こたえ

1 どく薬
2 アメ
3 ころりとまいってしまう
4 のこらずなめてしまった（なめた）

7 どんなようす

生きるために羽ばたく

月　日

点/30点

ハチドリが一日にひつようなみつのりょうは、ハチドリの体重《たいじゅう》の二～八倍《ばい》だそうだ。そのために、一秒《いちびょう》間《かん》に四十回もの速《はや》さで、羽を羽ばたいて、みつをすっている。

ハチドリは、止まっているときでも、心ぞうは、一分間に五百回も動《うご》いている。心ぞうを動かすだけでも、たくさん食べないといけないのだ。

だから、ハチドリは、たった三～四時間食べないだけでも死《し》んでしまう、と言われている。

1 ハチドリは、一日にどれぐらいのみつをすいますか。（10点）

［　　　］の［　　　］

2 ハチドリは、止まっているときでも、心ぞうは、どれぐらい動いていますか。（10点）

一分間に［　　　］

3 ハチドリは、何時間食べないと死んでしまいますか。（10点）

［　　　］

〈豆《まめ》ちしき〉

「歌をハミングする」のハミングは、ハチドリがハチのように空中で止まって、花のみつをすうときに「ブーン」という音を立てるところからきています。

こたえ

1 体重　二〜八倍

2 五百回

3 三〜四時間

こん虫のかくれんぼ

月　日

点/30点

こん虫の体の色は、すむ場所《ばしょ》の色やもようと、よくにています。それは、㋐てきから身《み》をかくすためです。それこのような色をほご色といいます。

ショウリョウバッタの体は、緑《みどり》の草むらにすむものは緑色、落《お》ち葉《ば》やかれ草にいるものは、かれた色をしています。また、ガのなか間には、羽のもようを止まった場所のもように合わせるものもいます。

しかし、ちょっとでも動《うご》いたら、食べられてしまいます。それでも、㋑こん虫が生きていくのに役《やく》に立っています。

---

1 ㋐の色を何といいますか。（10点）

「　　　」

2 次《つぎ》のこん虫は、どうなっていますか。（10点）

① 落ち葉やかれ草などにいるショウリョウバッタ

「　　　」色

② ガのなか間の羽のもよう

「　　　」のもよう

3 ㋑は、何のためですか。（10点）

こん虫が、「　　　」ため。

〈こん虫のかくれんぼ〉

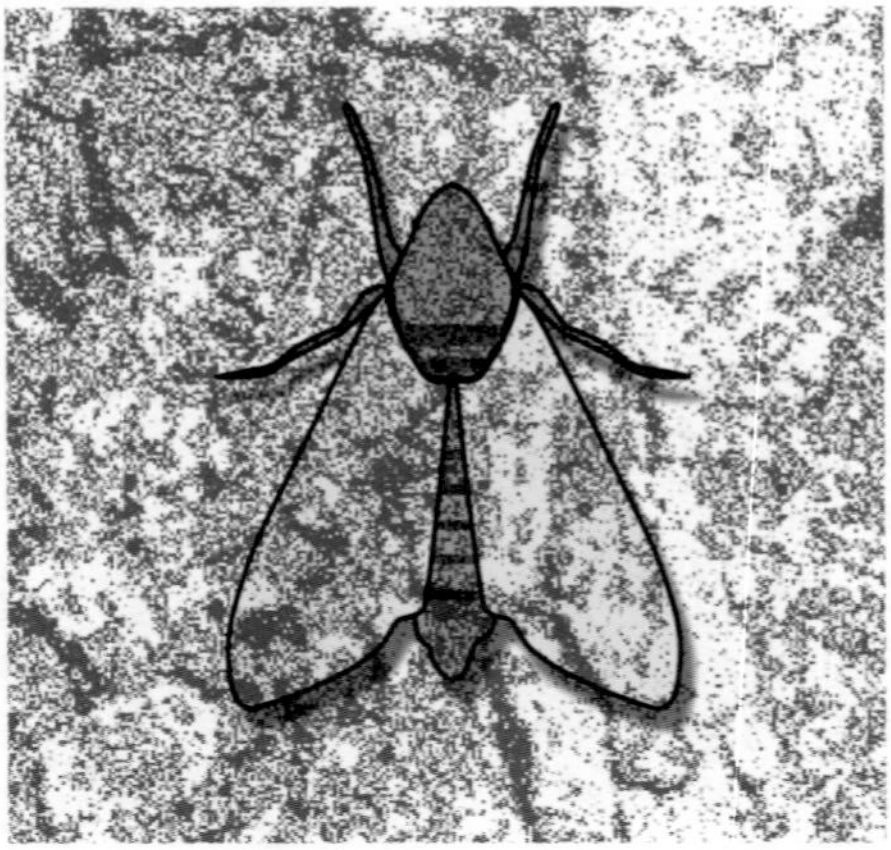

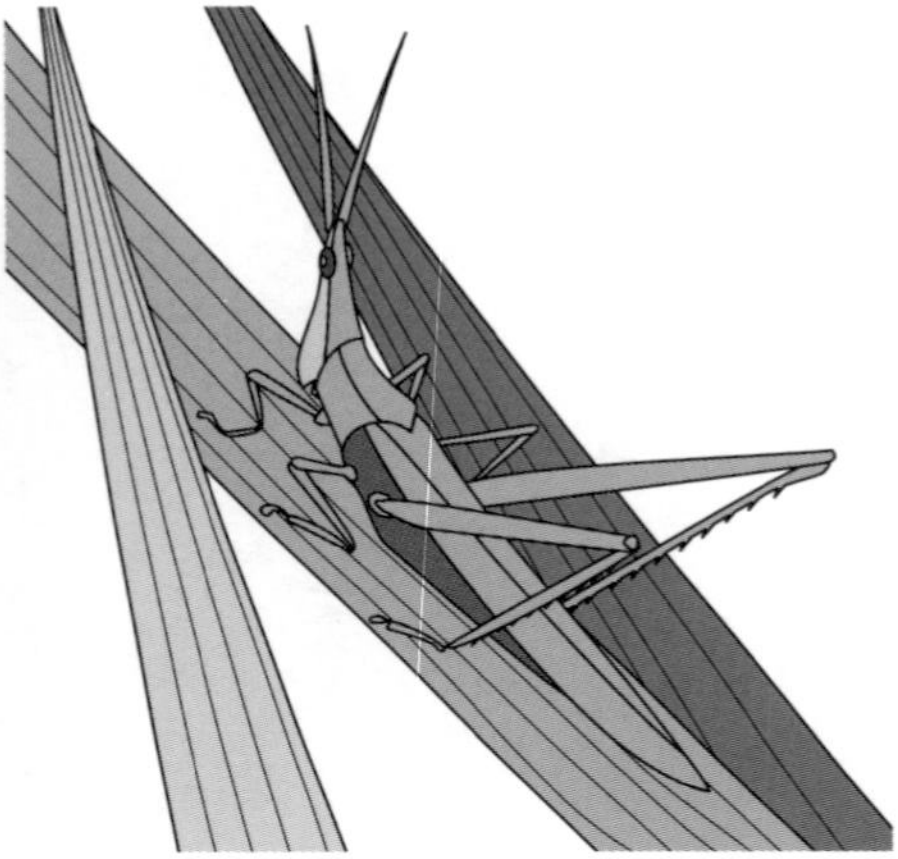

こん虫は、住む場所《ばしょ》にあわせて体の色をかえることもある。

こたえ

1 ほご色

2 ① かれた
② 止まった場所

3 生きていく
（生きる）

お正月とお年玉

お正月に子どもたちが楽しみにしているお年玉。それは、どうして始《はじ》まったのだろうか。それは「年神《としがみ》様《さま》」で、「年」は「年神様」、「玉」は「たましい」を表《あらわ》している。だから、お年玉は、「年神様のたましいを分けあたえる」という意味《いみ》だった。年のはじめに家をおとずれて家族《かぞく》に幸《しあわ》せをもたらしてくれるのが年神様で、㋐その神様をむかえるのがお正月なのだ。

だから、その神様をむかえるために、家をきれいにそうじして、目じるしとなる門松《かどまつ》をおき、神様が宿《やど》る・・・・・かがみもちをそなえるのだ。

---

1 子どもたちがお正月に楽しみにしているのは、何ですか。（5点）

［　　　　　］

2 次の言葉《ことば》は、何を意味していますか。（10点）

① 年…［　　　］

② 玉…［　　　　］

3 ㋐は、だれに、何をもたらしてくれる神様ですか。（10点）

だれ［　　　　］

何を［　　　　］

4 ㋐は、家のどこに宿りますか。（5点）

［　　　　　］

間の□に漢字《かんじ》を一字入れて、漢字を二字作りましょう。

（れい）

耂
□
十

耂
日
十
→ 者、早

①
龷
□
生

②
丗
□
林

（答え）
① 日 昔、星
② 木 葉、森

こたえ

1 お年玉

2 ① 年神様 ② たましい

3 家族 幸せ

4 かがみもち

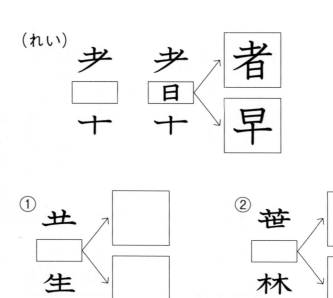

ざしき童子(ぼっこ)のはなし

明るい昼間、みんなが山へはたらきに出て、子どもが二人、庭《にわ》で遊《あそ》んでおりました。大きな家にだれもいませんでしたから、そこらはしんとしています。

ところが家の、どこかのざしきで、ざわっざわっとほうきの音がしたのです。

二人の子どもは、おたがいかたにしっかりと手を組み合って、こっそり行ってみましたが、どのざしきにもだれもいず、刀の箱《はこ》もひっそりとして、かき根《ね》のヒノキが、いよいよ青く見えるきり、だれもどこにもいませんでした。ざわっざわっとほうきの音が聞こえます。

宮沢賢治

1　大きな家は、どんな様子《ようす》ですか。(5点)

〔　　　　〕

2　㋐がしたのはどこですか。(10点)

家のどこかの［　　　］。

3　㋐を聞いた二人の子どもは、どうしましたか。(10点)

しっかりと〔　　　〕、〔　　　〕行ってみた。

4　㋐はどんな音がしましたか。(5点)

［　　　　　　］

文字の中に□の言葉《ことば》がかくれているよ。(れい)のように、クネクネとおれ曲《ま》がって言葉をさがしましょう。

(れい)

冬	三	角	夏	図	書
東	図	形	生	活	室
西	画	工	音	科	秋
南	北	作	楽	会	春

三角形　図画工作
生活科　東西南北
音楽会　図書室

のこった文字をならべかえると……

（答え）春夏秋冬

こたえ

1 しんとしている
2 ざしき
3 手を組み合って
こっそり
4 ざわっざわっ

赤とんぼ①

月　日

点/30点

　赤とんぼは、三回ほど空を回って、いつも休む一本のかき根《ね》の竹の上に、チョイととまりました。

　赤とんぼは、くるりと目玉を転《てん》じました。

　赤とんぼの休んでいる竹には、㋐朝顔のつるがまきついています。さく年の夏、このべっそうの主人《しゅじん》が植《う》えていった朝顔の実《み》が、また生えたんだろうと、赤とんぼは思いました。
　三、四人の人が、こっちにやって来ます。一番さいしょにかけて来たのは赤いリボンのぼうしをかぶったかわいいおじょうちゃんでした。

新美南吉

---

1 赤とんぼは、どこにとまりましたか。（10点）

［　　　　　　］。

2 赤とんぼは、㋐を見て、どう思いましたか。思っているところに「　」を書きましょう。（10点）

3 一番さいしょにやってきた人は、だれで、何をかぶっていますか。（10点）

だれ〔　　　　　　〕

何を〔　　　　　　〕のぼうし

何の漢字《かんじ》かわかるかな？（　）に漢字を書きましょう。

①

（　　　）

②

（　　　）

③
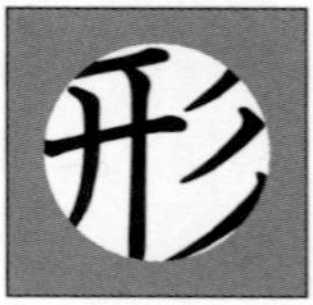
（　　　）

④

（　　　）

（答え）①南　②弱　③形　④曜

こたえ

1 一本のかき根の竹の上

2 「さく年の夏、………
…だろう」と、

3 （かわいい）おじょうちゃん
赤いリボン

赤とんぼ②

赤とんぼは、かわいいおじょうちゃんの赤いリボンにとまってみたくなりました。

でも、おじょうちゃんがおこるとこわいなと、赤とんぼは頭をかたむけました。

けど、とうとう、おじょうちゃんが前へ来たとき、赤とんぼは、おじょうちゃんの赤いリボンにとびうつりました。

赤とんぼは、今におじょうちゃんの手が、自分をつかまえに来やしないかと思って、すぐとぶ用意《ようい》をしました。しかし、おじょうちゃんは、

まあ、あたしのぼうしに！　うれしいわ！　と言って、うれしさにとび上がりました。

新美南吉

1　赤とんぼは、どこにとまってみたくなりましたか。（10点）

［　　　　　　］

2　㋐の心配《しんぱい》することは何ですか。（5点）

おじょうちゃんが［　　　　］こと。

3　㋑の後、どんな用意をしましたか。（5点）

［　　　　］用意。

4　おじょうちゃんが言った言葉《ことば》のところに「　」を書きましょう。（10点）

ヒントを見て、それぞれ□に合う漢字《かんじ》を入れましょう。
↓の方へ読むよ。

1 ヒント

① 海・りく・山・川・町などのようすをかいた図「日本○○」など

② 絵をかくこと、かいた絵

①↓ □	
図	□ ②→

2 ヒント

① 声を出して読むこと

② 本を読むこと

①↓ □	
読	□ ②→

答え

1 地 図 画

2 音 読 書

こたえ

1 おじょうちゃんの赤いリボン

2 おこる

3 すぐとぶ

4 「まあ、……うれしいわ！」と言って、

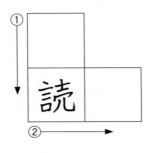

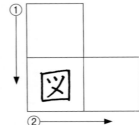

都会の電車が地方でよみがえる

月　日

点/30点

地方の鉄道《てつどう》は、乗客《じょうきゃく》がへって苦《くる》しんでいる。そこで、仕方《しかた》なく、都会《とかい》の古い電車を安《ア やす》く買ってきた。新車だと数おく円かかるが、それだと一千万円少しで買えるからだ。

しかし、富山地方鉄道《とやまちほうてつどう》は、昔《むかし》の有名《ゆうめい》な車両《しゃりょう》の力で都会の鉄道ファンをふやそうとしている。

たとえば、京阪電気鉄道《けいはんでんきてつどう》（大阪市《おおさかし》）が持《も》っていた二階《にかい》だて車両「ダブルデッカー」を「ダブルデッカーエキスプレス」としてデビューさせた。すると、この車両の登場《とうじょう》で、関西《かんさい》の鉄道ファンが、ふえたという。

---

1 地方の鉄道は、何で苦しんでいますか。（10点）

［　　　　］

2 ㋑は、何を指《さ》しますか。（10点）

3 富山地方鉄道は、古い電車を買うことで、㋐と㋒の両方《りょうほう》できるようにしています。このことを表《あらわ》す四字じゅく語に○をつけましょう。（10点）

①（　）弱肉強食《じゃくにくきょうしょく》

②（　）三寒四温《さんかんしおん》

③（　）一石二鳥《いっせきにちょう》

〈ダブルデッカーエキスプレス〉

こたえ

1 乗客がへること

2 都会の古い電車

3 ③

はたらきバチによる会ぎ

はたらきバチの中に、たんさくバチというハチがいる。㋐このハチは、次《つぎ》のす作りの場所《ばしょ》をさがす役目《やくめ》のハチである。

何びきかがとび回り、てきや雨風からなか間を守《まも》り、しかもす作りにちょうどいい広さの場所をさがす。

そして、それぞれのハチが、ふさわしい場所を見つけると、すに帰って、しりふりダンスでその場所のよさを知らせ、自分にさんせいするハチをふやす。㋑そうして、場所が決《き》まると、ほかのハチはもうとび回ることはせずに、そこへ全員《ぜんいん》でうつって行く。

---

1 ㋐について答えましょう。（10点）

① ㋐の名前

［　　　　］バチ

② ㋐の役目（何をさがす）

［　　　　　　］

2 ㋑は、どのようにするのですか。（20点）

［　　　　］ダンスで、その場所のよさを［　　　　］、自分に［　　　　］するハチを［　　　　］ようにする。

新しい女王がたん生すると、古い女王は、およそ一万びきのはたらきバチといっしょにすをはなれて、新しい場所《ばしょ》を見つけます。

このときに、数百ぴきのたんさくバチが、さがし回ってちょうどいい場所をさがし出してくるのです。

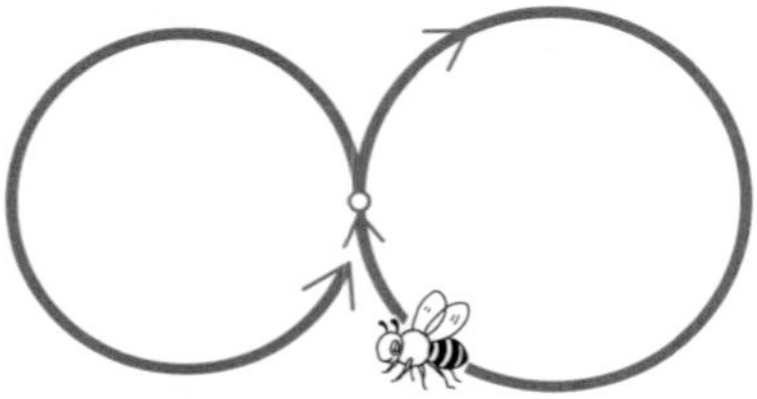

しりふりダンス
8の字に動《うご》いて知らせます。

こたえ

1 ① たんさく ② す作りの場所

2 しりふり 知らせ さんせい ふやす

15 こそあど言葉

アゲハチョウの味見

月　日

点/30点

　アゲハチョウのよう虫は、ミカンのなか間の葉《は》しか食べない。どのようにして、アゲハチョウはその木を見つけるのか。それは、アゲハチョウが葉の味見《あじみ》をしているからだ。まず目で、㋐それらしい木を見つけてから味見をする。

　では、どこで㋑それをするかというと、あのクルクル丸まったストローのような口ではなくて、前足の先でしている。㋒そこには、味を感《かん》じる毛が生えていて、止まった葉を左右の足で交ごにたたく。そして、ミカンのなか間の葉の味がするかをたしかめているのだ。

1 ㋐は、何を指《さ》しますか。（10点）

2 ㋑は、何を指しますか。（10点）

3 ㋒は、どこですか。（5点）

4 ㋒には、何が生えていますか。（5点）

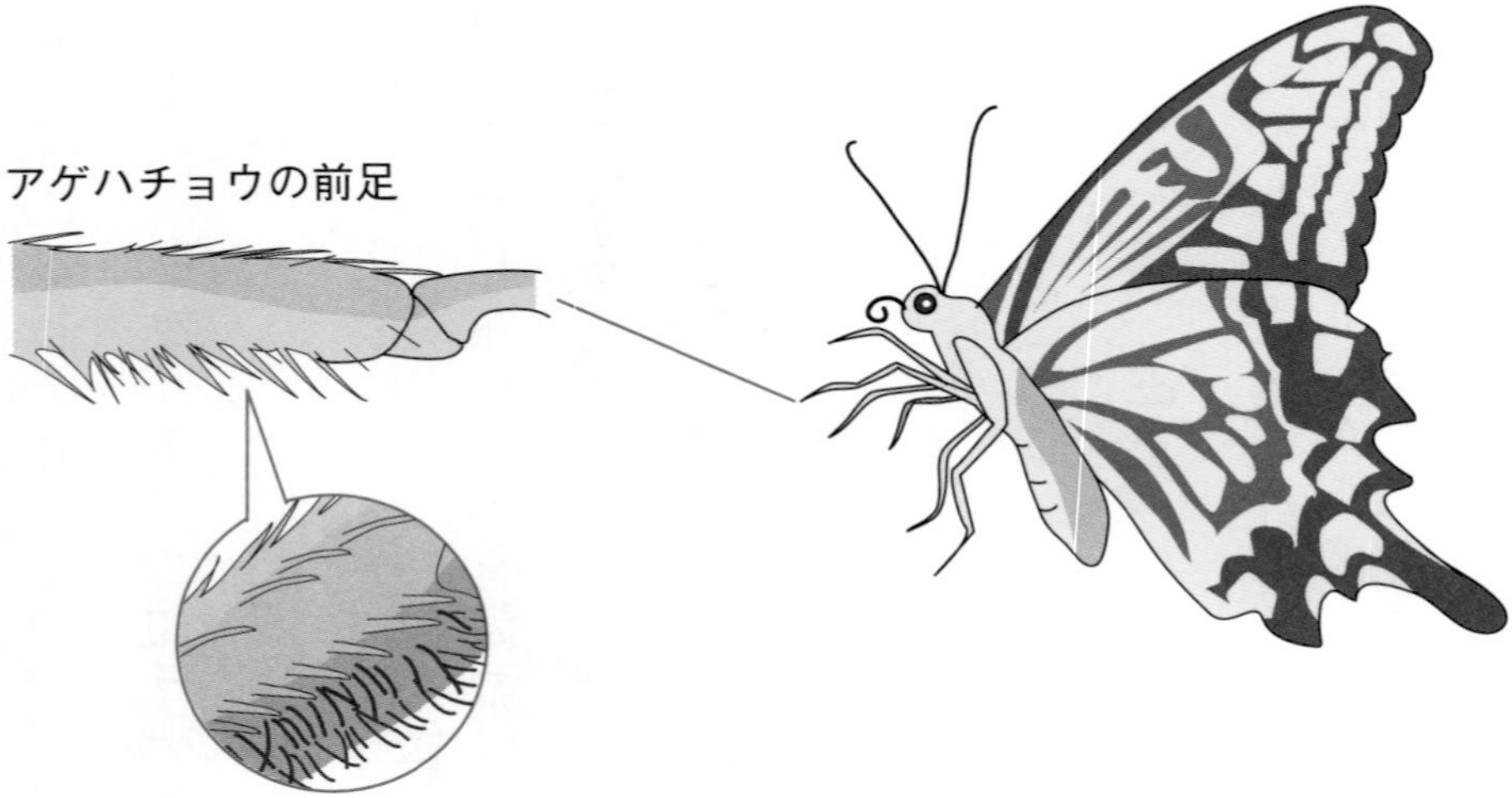

こたえ

1 ミカンのなか間

2 味見

3 前足の先

4 味を感じる毛

こそあど言葉

ひがたのはたらき

月　日

点/30点

ひがたとは、しおが引いたとき、すなやどろがあらわれる平《たい》らな所《ところ》で、そこにはたくさんの生《い》き物《もの》がすんでいる。しおが引くと、どろの中にいたカニなどの生き物が出てきて動《うご》き始《はじ》める。すると、㋐それらを食べようとする野鳥がやってくる。

また、しおがみちると、おきにいたハゼやカレイなどがやってきて、どろをほり返《かえ》してゴカイなどを食べる。このとき、貝は海水を出し入れするので、海水をきれいにする。

このように、ひがたは、生き物にとって大切な場《ば》所《しょ》なのだ。

---

1 ひがたの生き物たちは、どこにすんでいますか。（10点）

□□ や □□ の中。

2 ㋐は、何を指《さ》しますか。（10点）

□□ など。

3 ハゼやカレイなどは、何を食べますか。（5点）

〔　　　〕

4 この文《ぶん》章《しょう》をまとめた文の、始《はじ》めの五文字を書きましょう。（5点）

□□□□□

〈ひがた〉

ひがたには、わたり鳥なども集《あつ》まります。
人と海がふれ合う場所《ばしょ》でもあります。

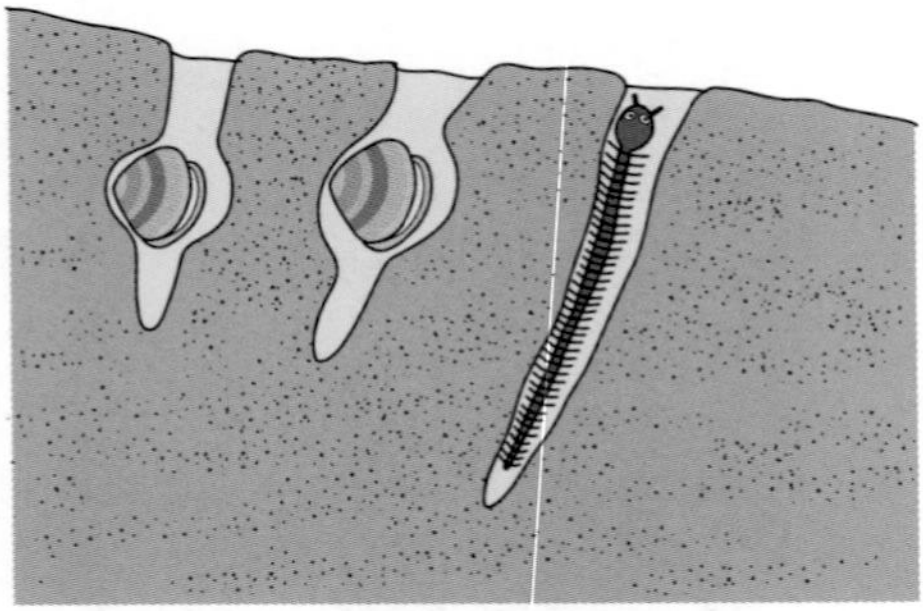

ひがたの生き物たち

こたえ

1 すな
どろ
（じゅん番は自由《じゆう》）

2 カニ

3 ゴカイ

4 このように

ウシツツキ

ウシツツキとは、水牛のヒフにたかるダニやハエをつついてとることから、キツツキではなく、この名前がついたのです。

㋐この鳥は、ウシツツキという名前がついていますが、牛ばかりでなく、キリンやカバ、サイにも乗《の》って、㋑ヒフのそうじをします。

足にあるとがったツメを使《つか》って、動物《どうぶつ》の体にすい直に止まったり、ぶら下がったりして、つついてヒフのそうじをするのです。

しかし、牛の体にきずがあると、㋒そこをつつかれて、牛は、血《ち》をすわれることもあります。

---

1 ㋐は、何という鳥ですか。（5点）

＿＿

2 なぜ1の名前になったのですか。（10点）

＿＿のヒフにたかるダニやハエを＿＿とるから。

3 ㋑をするのは、牛のほかにどんな動物がいますか。（10点）

〔　　〕〔　　〕〔　　〕

4 ㋒は、何を指《さ》しますか。（5点）

＿＿があるところ。

牛とウシツツキ

こたえ

1 ウシツツキ

2 水牛
つついて

3 キリン
カバ
サイ（じゅん番は自由《じゅう》）

4 きず

ドイツから世界に広まったグミ

月　日

点/30点

グミは、㋐ゼラチンを使《つか》ってくだもののしるをかためたおかしだ。はじめはイギリスの家庭《かてい》のおかしだった。

（Ⓐ）、それを世界《せかい》に広めたのはドイツ。グミという名前はドイツ語の「ゴム」からきている。

もともとこのおかしは、かむ力の弱いドイツの子どもたちに、かむ力を強くしようとして作られた。

（Ⓑ）、ドイツのグミは、日本のものよりかためにできている。

グミは、ゼラチンでできていて、コラーゲンがたくさんふくまれる。ほねの発《はっ》たつにも、いいとして人気がある。

---

1 ㋐のおかしは何ですか。（5点）

2 ㋐を世界に広めた国はどこですか。（5点）

3 ㋐は、子どもたちに何の力を強くしようと作られましたか。（10点）

［　　　　］

4 Ⓐと Ⓑに入る言葉《ことば》を、［　］からえらび［　］に書きましょう。（10点）

Ⓐ［　　　　］

Ⓑ［　　　　］

だから　そのうえ　しかし

〈かむことの大切さ〉

- 歯《は》をじょうぶにする。
- いや、ちょうをじょうぶにする。
- のうが活発《かっぱつ》になる。
- ひまん予《よ》ぼうになる。
- 言葉《ことば》をはっきりさせる。

「一口食べたら、三十回かもう」

こたえ

1 グミ

2 ドイツ

3 かむ力

4 Ⓐ しかし

Ⓑ だから

君もスパイダーマンになれる

月　日　点/30点

クモのすは、かんたんにはらい落《お》とせる。だから、クモの糸は弱い糸だと思うだろう。実《じっ》さい、クモの糸は直けい千分の五ミリしかないのだ。（㋐）、その糸をシャープペンシルのシンの太さ（〇・五ミリメートル）にまとめると、体重《たいじゅう》六十キログラムの大人《おとな》がぶら下がっても切れないぐらいの強さになるという。（㋑）、君《きみ》も、えい画の㋒スパイダーマンのようになれるかもしれない。

1 クモの糸の細さは、どれくらいですか。（10点）

直けい［　　　　］ミリ

2 ㋐と㋑に入る言葉を、［　］から、えらび（　）に書きましょう。（10点）

㋐［　　　　］　㋑［　　　　］

［そして　だから　しかし］

3 ㋒のために、クモの糸をどうしますか。（10点）

［　　　　］ミリメートルにまとめる。

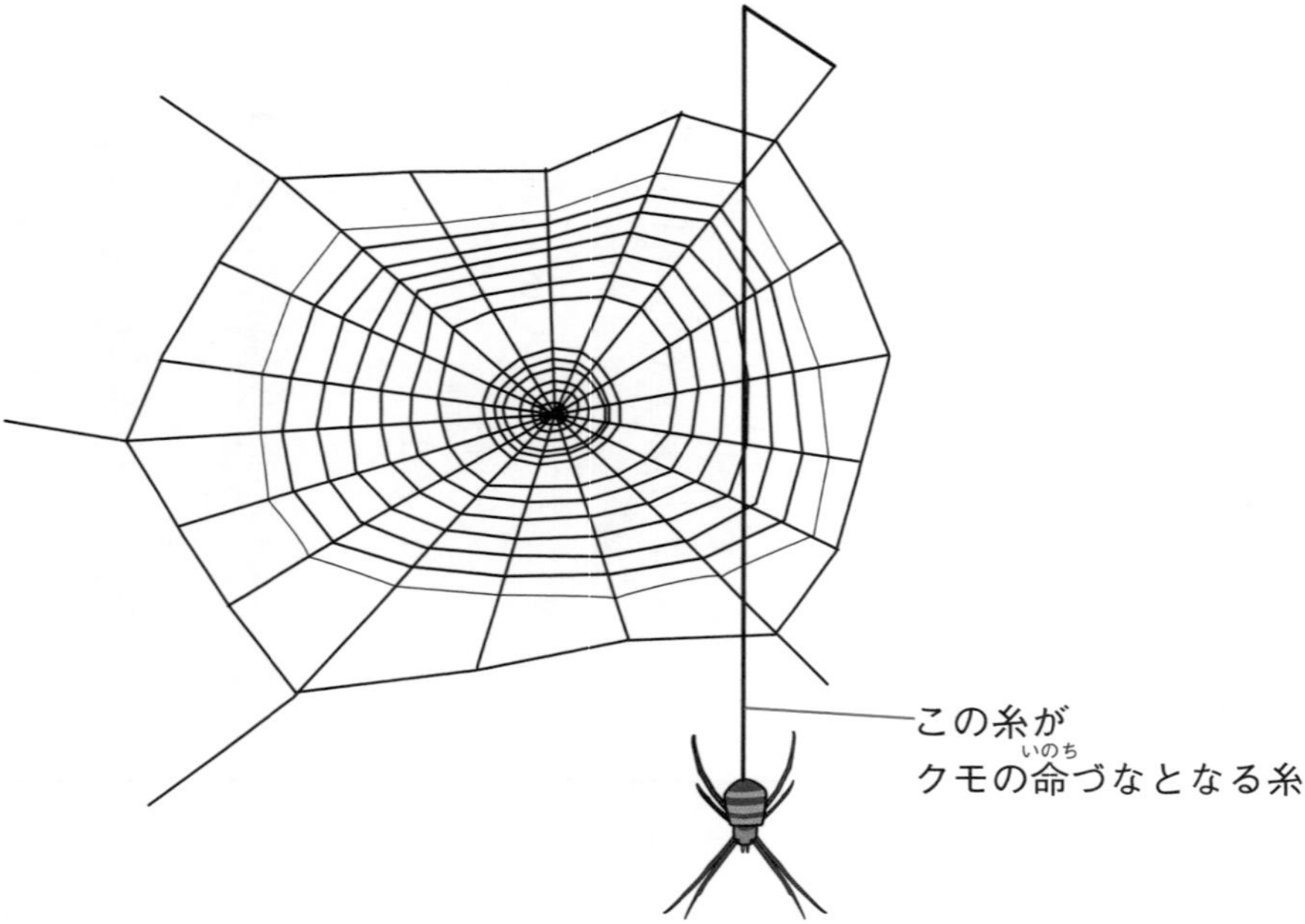

こたえ

1 千分の五

2 ㋐ しかし ㋑ だから

3 〇・五

ふえるシカをしげんに

さい近、山でシカがふえたと、よく聞く。シカがふえると、農作物《のうさくぶつ》や木の皮《かわ》などが食べられたりする。ほかに、列車《れっしゃ》とぶつかることもふえる。

どうして、ふえてきたのか。昔《むかし》、数がかなりへったので、ほごしたことが大きい。

（Ⓐ）、りょうしの高れい化《か》もあげられる。そして、今までは、とったシカをすてていた。（Ⓑ）、日本人は、昔からシカをとって皮や肉などに使《つか》ってきた。（Ⓒ）、これからは、山のめぐみに感《かん》しゃして、その肉をしげんとして使うようにしなくてはならない。

1 シカがふえたことで、起《お》こっていることを書きましょう。

① 食べられるもの（10点）

［　　］や［　　］

② ぶつかるもの（5点）

［　　］

2 Ⓐ～Ⓒに入るつなぎ言葉《ことば》を［　］からえらび［　］に書きましょう。（15点）

Ⓐ［　　］

Ⓑ［　　］

Ⓒ［　　］

［しかし　だから　また］

〈ジビエ〉

かりでとった野生の鳥やけものの肉。動物《どうぶつ》のとうとい命《いのち》をいただくのだから、肉など体の全《すべ》てをりょう理に使《つか》い、命に感《かん》しゃしようという気持《きも》ちがこめられている。

〈ジビエりょう理に使われる鳥やけもの〉
シカ、イノシシ、野ウサギ
キジ、マガモ　など

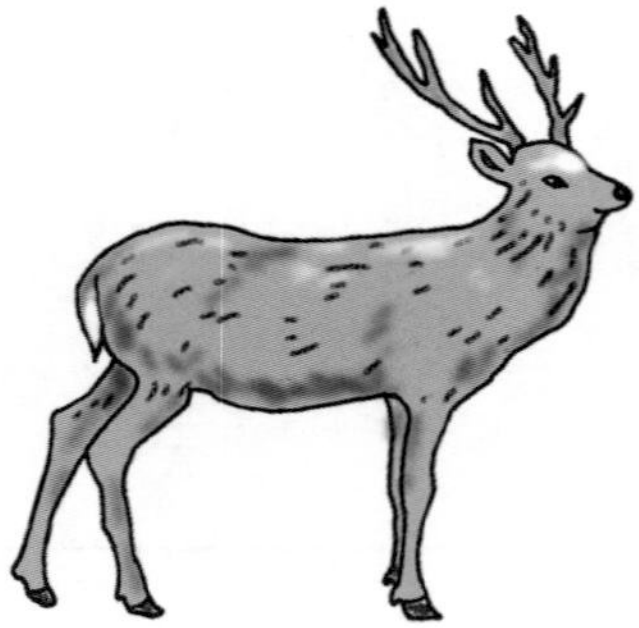

こたえ

1 ① 農作物　木の皮
② 列車

2 Ⓐ また
Ⓑ しかし
Ⓒ だから

21 つなぎ言葉
ハチドリによる赤い花

月　　日

点/30点

ハチドリは、名前にハチがついているように、食《た》べ物《もの》がハチと同じ花のみつだ。

（Ⓐ）、ハチドリのすむところは、なぜか赤色の花が多い。（Ⓑ）、この色は、虫にはあまり目立たない。しかし、ハチドリには、すきな色である。

花は、みつを虫にあげる代《か》わりに、花ふんを虫につけて運《はこ》んでもらう。ハチドリは、虫よりも体が大きいので、たくさんの花ふんを運べる。（Ⓒ）、ここの花は、ハチドリに合わせて赤くなったようだ。

---

1 ハチドリの食べ物は、何ですか。（5点）

［　　　　］

2 ハチドリのすむところは、何色の花が多いですか。（10点）

［　　　　］

3 Ⓐ～Ⓒに入るつなぎ言葉《ことば》を□からえらび（　）に書きましょう。（15点）

Ⓐ［　　　　］

Ⓑ［　　　　］

Ⓒ［　　　　］

だから　また　でも

ハチドリは、昔《むかし》からみんなにあいされていました。

それは、南米ペルーの「ナスカの地上絵」の一つに出てくることからもわかります。

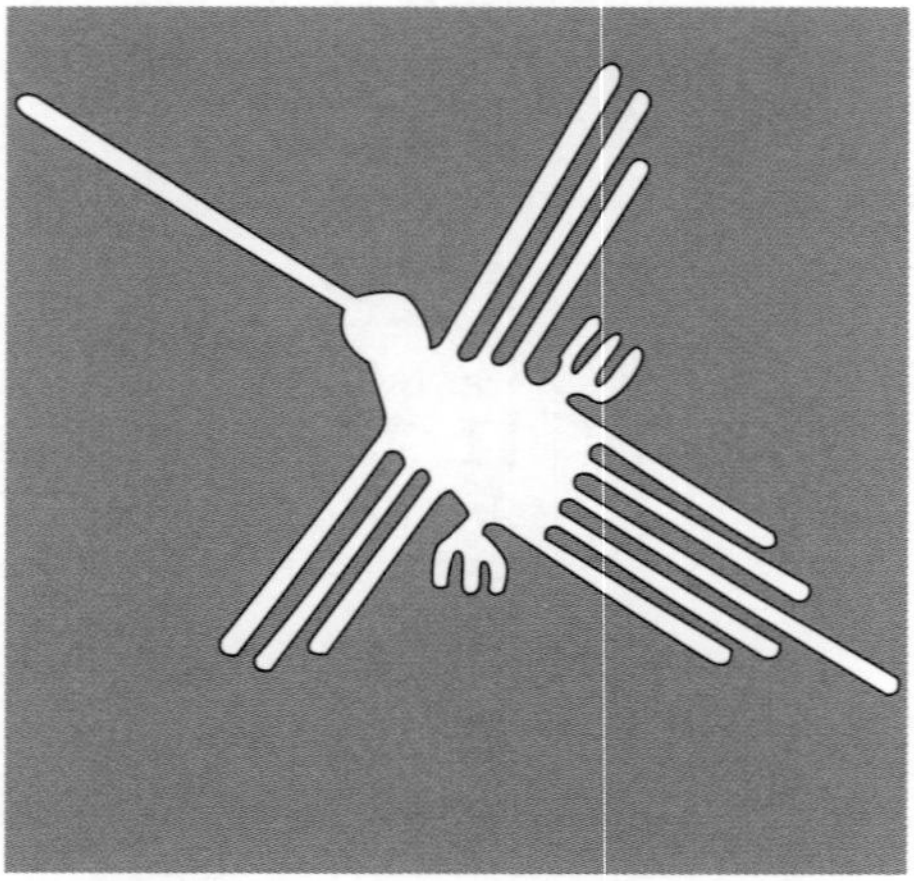

「ナスカの地上絵」に出てくるハチドリ

こたえ

1 花のみつ

2 赤色（の花）

3 Ⓐ また Ⓑ でも

Ⓒ だから

ナメクジは、カタツムリの進化

カタツムリとナメクジは、からがあるかないかのちがいで、あとはとてもにている。それもそのはずで、今から二おく年前に、からをすててカタツムリから進化《しんか》したのがナメクジなのだ。

カタツムリは、㋐からを作るのにかなりのエネルギーを使《つか》う。（Ⓐ）、ナメクジは、そのすべてを体のせい長に使えるように、からをぬぎすてたというわけだ。

（Ⓑ）、ほとんどが水分でできている体をかんそうから守《まも》るために、からをすてたことが、はたして進化といえるのだろうか。

---

1 カタツムリとナメクジのちがいは、何ですか。（5点）

［　　］があるかないか

2 進化したのは、どちらですか。（5点）

【　　　　】

3 ナメクジは、㋐を何に使えるようにしましたか。（10点）

［　　　　　］

4 Ⓐ、Ⓑに入る言葉《ことば》を［　］からえらび【　】に書きましょう。（10点）

Ⓐ【　　　　】　Ⓑ【　　　　】

一方　しかし

〈カタツムリとナメクジの体のちがい〉

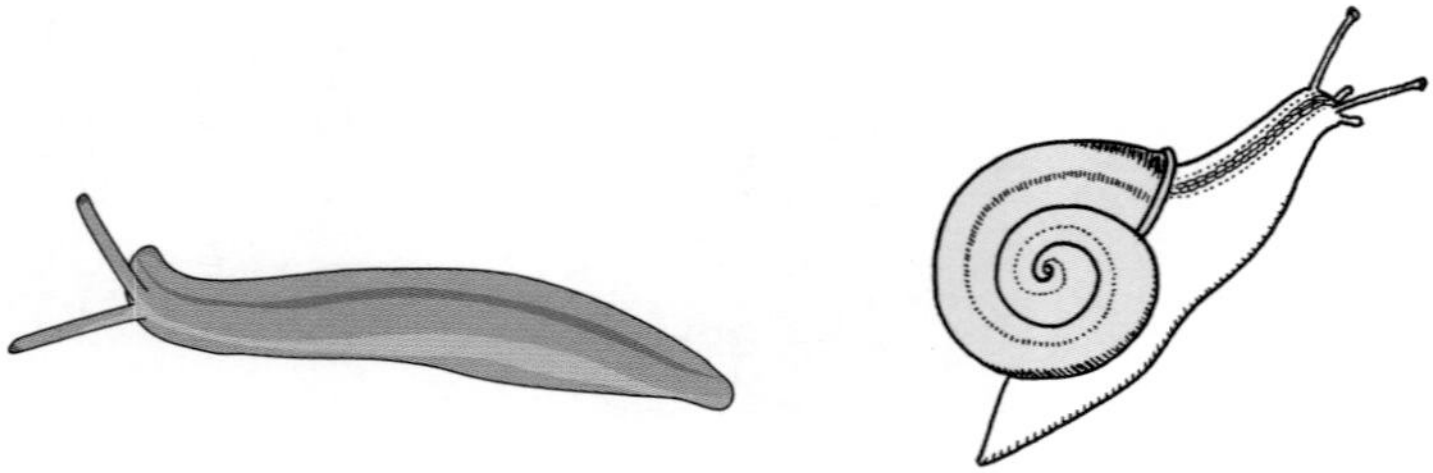

ナメクジ　カタツムリ

こたえ

1 から

2 ナメクジ

3 体のせい長

4 Ⓐ 一方

Ⓑ しかし

少しでも速く走るために

速《はや》く走るためには「ヨーイ」のかまえが大切だ。

まず、かた足を前に出して、その前足に体重《たいじゅう》をかける。そして、前足のひざをさらに曲《ま》げて、しせいをひくくする。このとき、ひざと足首に全《ぜん》体重をのせる感《かん》じで力を入れる。

次《つぎ》に「ヨーイ」と言われたら、ひじを軽《かる》く曲げ、前足と反対《はんたい》がわの手を大きく前に出す。前足と同じがわの手は、ひじがかたと同じくらいの高さになるように後ろに引く。

頭は少し下げ、目線は自分のつま先を見る。あとは、だれよりも先に前に出る気持《きも》ちで、ピストルの音に集中《しゅうちゅう》する。

1　どんなスタートのかまえがいいですか。（15点）

①　□に体重をかける。

②　前足の□を曲げて、しせいをひくくする。

③　ひざと足首に□をのせる感じで力を入れる。

2　スタートするときに大事《だいじ》な気持ちは、どんな気持ちですか。（15点）

［　　　　］

〈速《はや》く走る　かまえ〉

前の足にしっかり体重《たいじゅう》をのせ、反対《はんたい》がわの手を大きく前へ。
頭は下げてつま先を見ます。

こたえ

1 ① 前足
② ひざ
③ 全体重

2 だれよりも先に前に出る気持ち。

大豆の力

「畑《はたけ》の肉」と言われるぐらい、たくさんのえいようがある大豆《だいず》。この大豆、さまざまな食べ物《もの》になっています。

まず、㋐形がかわらないもの。大豆になる前に取《と》り入れてゆでた、えだ豆《まめ》。

次《つぎ》は、㋑ゆでてつぶして作るもの。にがりとまぜて作る、豆《とう》ふ。

また、㋒目に見えない小さな生物《せいぶつ》の力をかりるもの。「ナットウキン」からできるなっ豆や、「コウジカビ」からできるみそやしょうゆ。

このように、わたしたちは大豆を知らない間に、食べているのです。

1 大豆は、何と言われていますか。（5点）

〔　　　　〕

2 大豆から、どんなものができますか。（25点）

㋐〔　　　　〕

㋑〔　　　　〕

㋒ ① ナットウキン〔　　　　〕

② コウジカビ〔　　　　〕〔　　　　〕

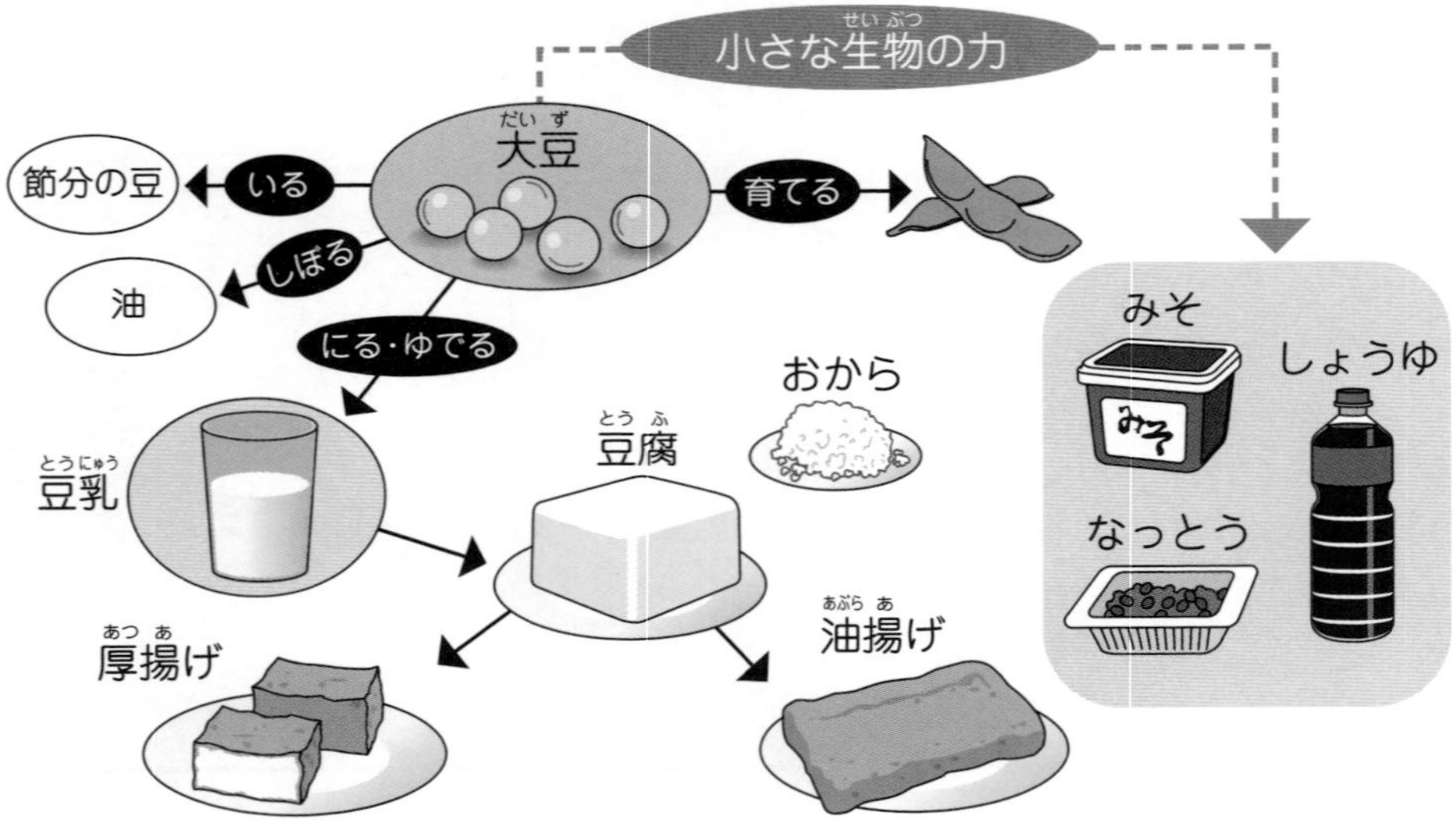

こたえ

[1] 畑の肉

[2] ㋐ えだ豆

㋑ 豆ふ

㋒ ① なっ豆

② みそ

しょうゆ

（じゅん番は自由《じゆう》）

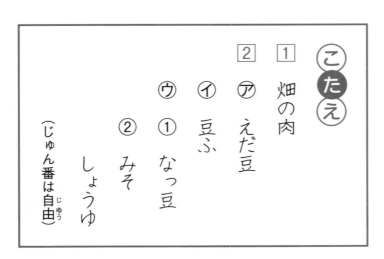

サハラギンアリ

サハラさばくにすむサハラギンアリは、一日で一番気温《きおん》の高い昼間にエサをさがす。このときの地表温《ちひょうおん》度《ど》は、五十度にもなるので、四分い上《じょう》いると死《し》んでしまう。

では、なぜ、自分が死ぬかもしれないときに出かけるのか。

それは、天てきのアリクイトカゲから身《み》を守《まも》るためだ。四十五度をこえると、このトカゲは、地表に出てこられない。

そこで、サハラギンアリは、四十五度～五十度の間で、しかも、四分までという中で、まさに命《いのち》をかけたエサさがしをしているのだ。

---

1 サハラさばくにすんでいるアリの名前を書きましょう。（5点）

［　　　　　］アリ

2 一番気温の高い地表温度は、何度ですか。（5点）

〔　　　〕度

3 1の天てきは、何ですか。（5点）

［　　　　　］トカゲ

4 1は、いつエサさがしをしますか。（15点）

〔　　　〕度～〔　　　〕度の間で、〔　　　〕まで。

〈慣用句《かんようく》〉

次の㋐、㋑、㋒の中から合うものに○をつけて、慣用句《かんようく》をかんせいさせましょう。

① 足が
- （　）㋐ 石になる
- （　）㋑ ぼうになる
- （　）㋒ 木になる

② 油《あぶら》を
- （　）㋐ 買う
- （　）㋑ ためる
- （　）㋒ 売る

③ 耳に
- （　）㋐ たこができる
- （　）㋑ いかができる
- （　）㋒ えびができる

こたえ

1 サハラギン
2 五十
3 アリクイ
4 四十五　五十
四分

（答え）
①—㋑　②—㋒　③—㋐

月　日

点/30点

チーターは、なぜ速いのか

なぜ、チーターは速《はや》く走れるのか。ヒミツは、体のつくりにある。

まず、体の長さに対して体重《たいじゅう》が軽《かる》いうえに、小さな頭と細くて長い足を持《も》っているのだ。

しかも、長いしっぽは、かじのはたらきをして急《きゅう》に向《む》きをかえられるし、ツメはつねに外に出ているので、スパイクのように地面《じめん》を強くとらえられる。

そのうえ、せぼねはやわらかく、全身《ぜんしん》をバネのようにして走れる。だから、全速力《ぜんそくりょく》でえ物《もの》をとりに行けるのだ。でも、長いきょりは走れない。

1 チーターの体は、速く走るためにどうなっていますか。（15点）

① 体の長さに対して、体重が［　　］。

② 小さな［　］と［　　］て長い足。

2 次《つぎ》の体の部分《ぶぶん》は、それぞれ何のはたらきとにていますか。（15点）

① しっぽ［　　］

② ツメ［　　　　］

③ せぼね［　　］

〈チーターの走り方〉

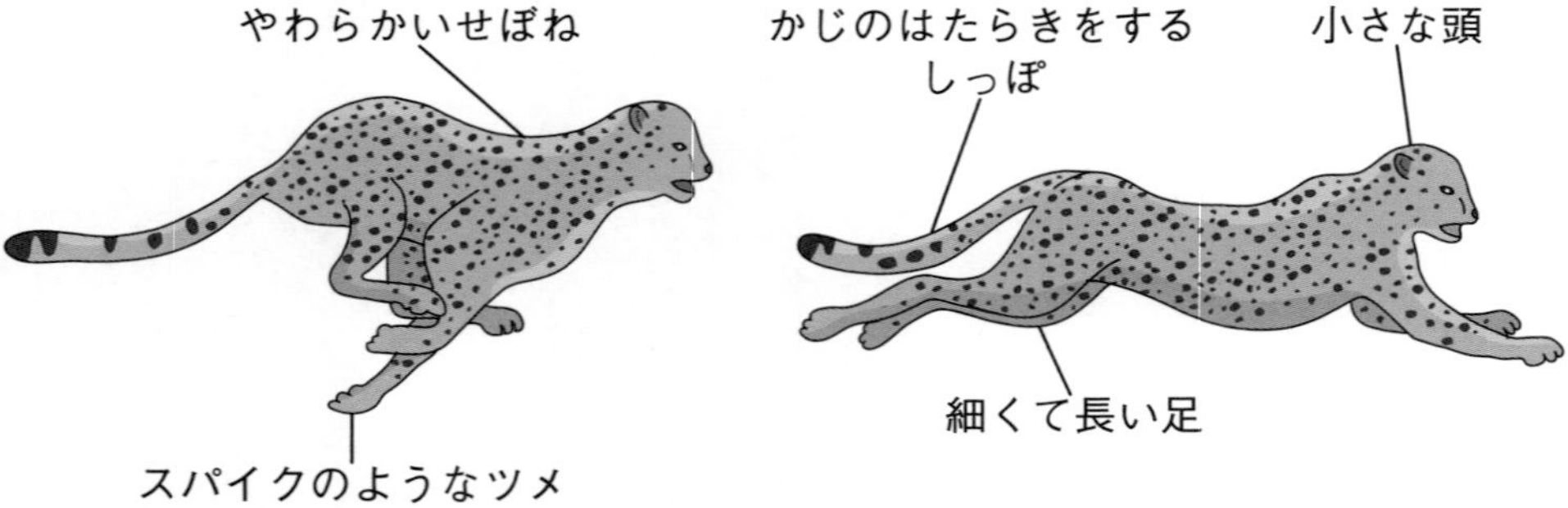

こたえ

1

① 軽い

② 頭 細く

2

① かじ

② スパイク

③ バネ

ゴマで「ゴマ化」そう

月　日

点/30点

ゴマは体にいい。実《じっ》けんでゴマをマウスに七か月間毎日食べさせると、毛のツヤがよくなり、目が赤くじゅう血《けつ》することも少なくなった。体がわか返《がえ》るのである。㋐これの体にいい食べ方は、「ゴマすり」と「ゴマ化《か》」しだ。

　ゴマのからはかたいので、すった方が体に取《と》り入れやすい。また、ふだんの食事《しょくじ》にスプーン一ぱい分のゴマを足す。ゴマ油《あぶら》なら、おみそしるに一てき、サラダに一てきとたらす。この「ゴマ化」して世界《せかい》が広がる。

　ほかに、ゴマ油であげると、かおりがよくてカラッとあがる。

---

1 ㋐は、何を指《さ》しますか。（5点）

〔　　〕

2 ㋐の体にいい食べ方は何ですか。（10点）

① 〔　　〕

② 〔　　〕し

3 どうして2の①をするのですか。（10点）

〔　　〕

4 ゴマ油の使《つか》い方《かた》を書きましょう。（5点）

おみそしるに〔　　〕たらす。

〈ゴマすりに使《つか》う道具《どうぐ》〉

すりばち
ゴマはからがかたいので、
すりばちですって食べると
体に取《と》り入れやすくなる

ゴマ

こたえ

1 ゴマ

2 ① ゴマすり
② ゴマ化

3 (すった方が)
体に取り入れやすいから。

4 一てき

百さいすぎても元気な食事

京都《きょうと》府北部《ふほくぶ》の海べの町、㋐京丹後《きょうたんご》市は、百さいい上の人が多く住《す》んでいる。

　ここでは、地元でとれる野さいや魚をよく食べることがわかった。ワカメなどの海そうは、かんそうさせて、ほぞん食にしている。

　ほし魚は、ふつうはやくが、ここではにて、ほねまで食べている。

　ふだんの食事《しょくじ》は、ごはん、魚や豆《とう》ふ、野さいのに物、白あえ、すの物、つけ物と、りょうは少なめだが、おかずの数を多くしている。そして、おなかいっぱい食べないようにしているそうだ。

---

1 ㋐は、どんな人が多いですか。（5点）

［　　　］い上の人

2 ㋐では、どんなものをよく食べていますか。（10点）

地元の［　　　］や［　　］

3 ㋐では、ふだんどんなものが食べられていますか。（15点）

ごはん・［　　］・［　　］・

［　　　］のに物・

白あえ・すの物・つけ物

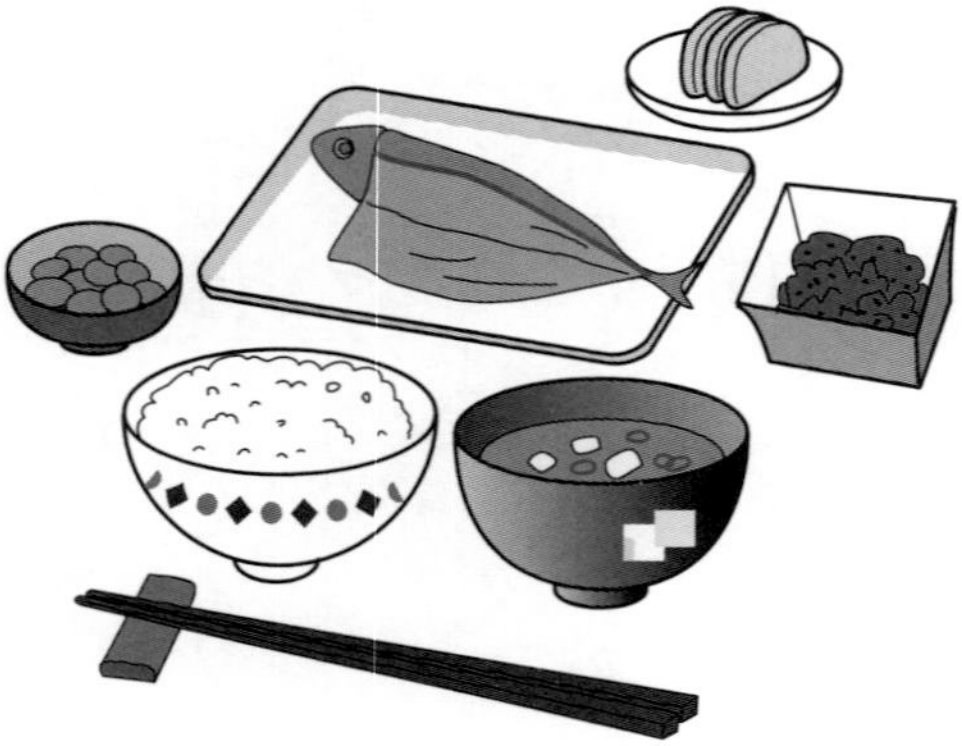

りょうは少なめで、おかずの数を多く

こたえ

1 百さい

2 野さい 魚

3 魚 豆ふ

野さい

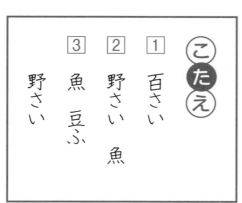

日食、月食はなぜ食がつくのか

月が太陽《たいよう》をかくす日食や、地球《ちきゅう》のかげが月をかくす月食には、どちらにも「食」がついています。

なぜでしょうか。それは、太陽や月がかくされていく様子《ようす》が「まるで㋐何かに食べられて、消《き》えてなくなっていく」ように見えるからです。

少しむずかしいですが、昔《むかし》は、「日蝕（にっしょく）」と書かれていました。「蝕」は、くん読みで「むしばむ」と読みます。太陽や月がかけていく様子が、虫が葉《は》っぱを食べていくのと同じように思ったからでしょう。

---

1 次《つぎ》の文を、何と言いますか。（10点）

① 地球のかげが月をかくす。〔　　〕

② 月が太陽をかくす。〔　　〕

2 1の①、②どちらにもついている字を書きましょう。（10点）

□

3 ㋐を、どんな様子と同じと書いていますか。（10点）

□が□□□を食べていく様子。

〈日食と月食〉

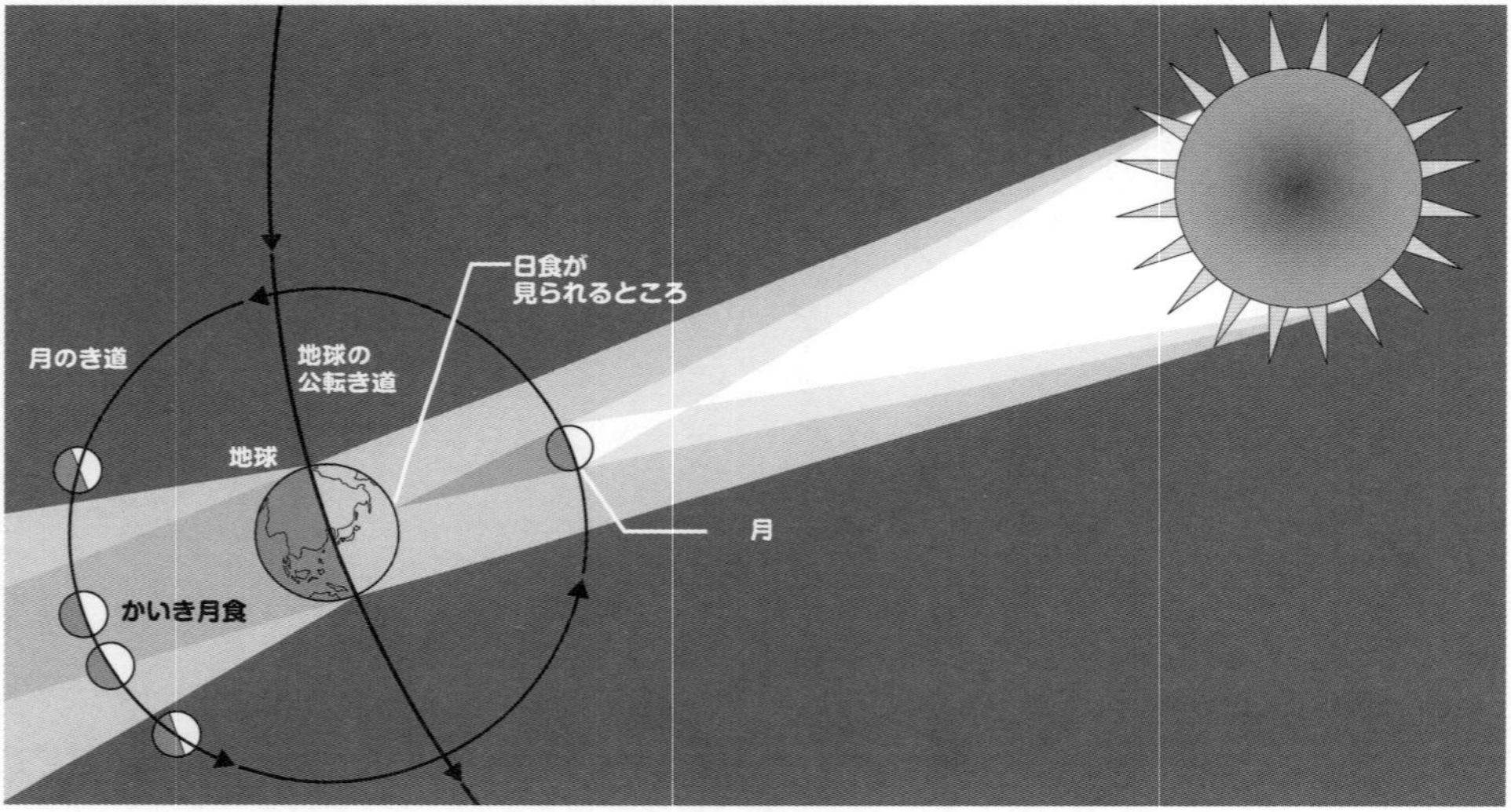

こたえ

1 ① 月食 ② 日食

2 食

3 虫 葉っぱ

生活のちえ（うめぼし）

昔《むかし》から、おべんとうやおにぎりの中に、うめぼしが入っています。

これには、㋐生活のちえがはたらいているのです。

うめぼしを入れておくと、食《た》べ物《もの》がくさりにくくなります。

また、あせをかいたときに、うめぼしを入れた水を飲むと、えん分もおぎなってくれます。

さらに、うめぼしを見ただけでも、口の中にだえきが出てきます。だえきには、食べ物の消化《しょうか》を助《たす》けるはたらきがあります。

こうしたちえを、昔から生活の中で使《つか》ってきたのです。

---

1 うめぼしは、昔から何の中に入っていましたか。（10点）

〔　　　　〕〔　　　　〕

2 ㋐は、どんなちえですか。（15点）

① 食べ物が〔　　　　〕。

② あせをかいたときに〔　　　　〕をおぎなう。

③ 〔　　　　〕を出す。

3 2の③は、何を助けますか。（5点）

食べ物の〔　　　　〕

〈うめぼしが　できるまで〉

一、うめの花がさく。（二月ごろ）

※昔《むかし》は、花見といえばさくらではなく

て、うめだった

二、花から実《み》ができる。

三、実をとり入れる。

四、うめの実をほす。

※うめの実をほすから、

「うめぼし」と言います。

こたえ

1 おべんとう

おにぎり

2 ① くさりにくくなる

② えん分

③ だえき

3 消化

同じイモなのに

ジャガイモもサツマイモも、どちらもイモですが、ちがうところがたくさんあります。

たとえば、あまり見かけませんが、㋐ジャガイモの花はナスやトマトの花に、㋑サツマイモは赤いアサガオの花に、にているのです。

そして、それぞれ㋒えいようは、ジャガイモは地下のくきに、サツマイモは根《ね》に、たくわえられます。

だから、㋓日光に当てると、ジャガイモはくきと同じ緑色《みどりいろ》になりますが、サツマイモはくきと同じ色になりません。

1 ㋐と㋑の花は、何の花とにていますか。（15点）

㋐〔　　　〕〔　　　〕

㋑〔　　　〕

2 ㋒は、どこにたくわえますか。（10点）

㋐ ジャガイモ〔　　　〕

㋑ サツマイモ〔　　　〕

3 ㋓をすると、緑色になるのは、どちらですか。（5点）

〔　　　〕

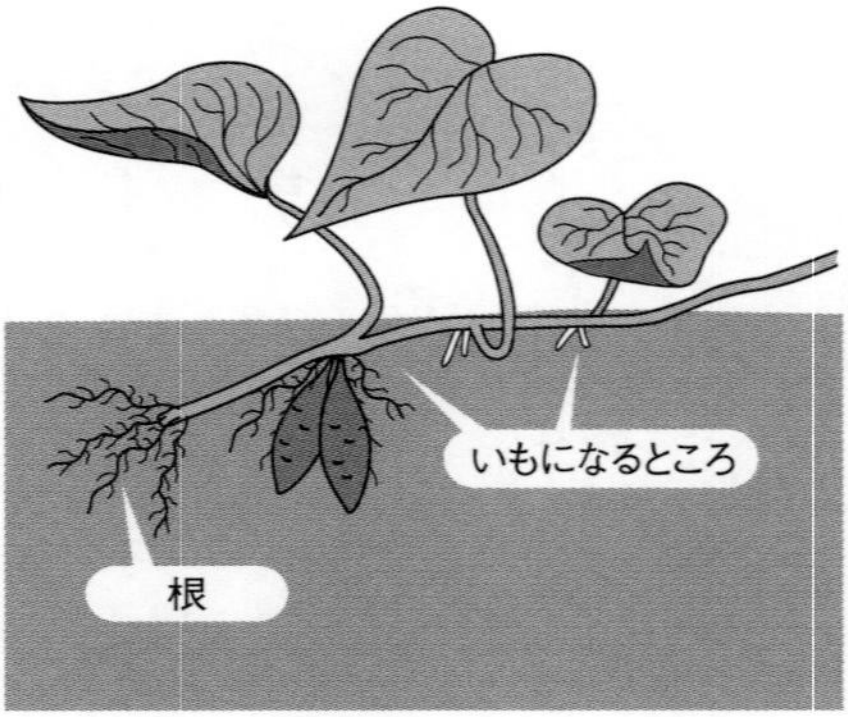

サツマイモ

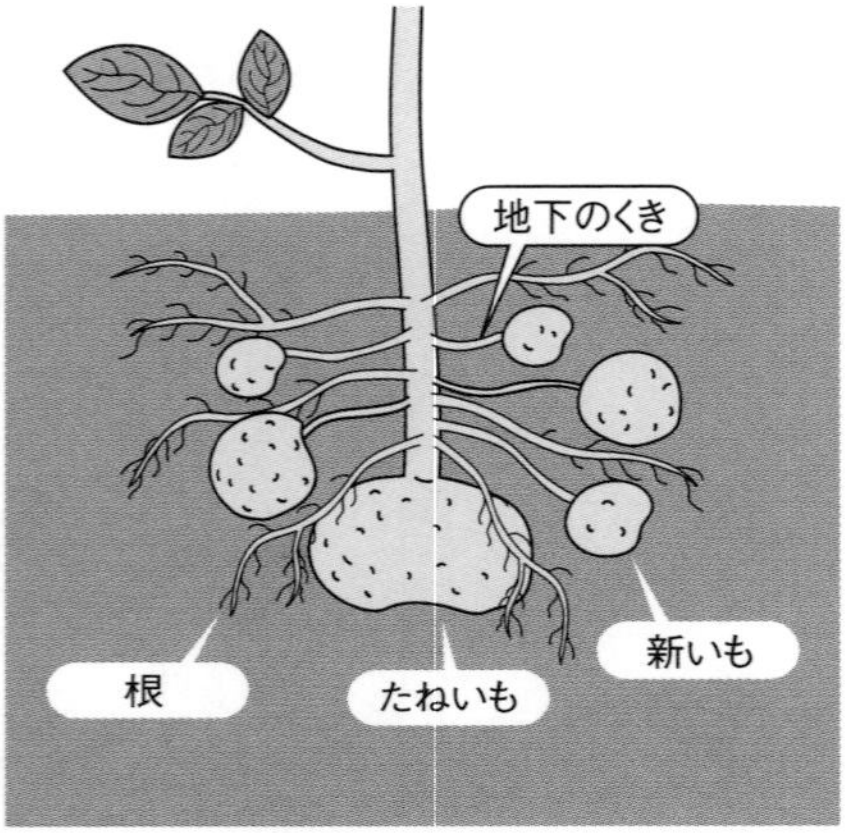

ジャガイモ

ジャガイモは、〈くき〉にえいようがたまり、いもができます。
イモから細かいヒゲのような根は生えません。
サツマイモは、〈根〉にえいようがたまり、いもができます。
イモから細かいヒゲのような根が出ています。

こたえ

1 ㋐ ナス トマト（じゅん番は自由《じゆう》）
㋑（赤い）アサガオ

2 ㋐ 地下のくき
㋑ 根

3 ジャガイモ

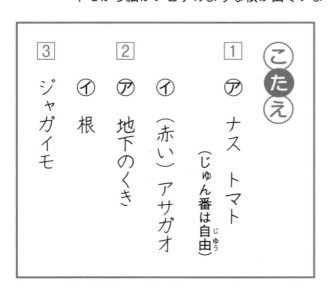

聞き取りやすい声

月　日

点/30点

㋐はっきりした声で話すと、相手《あいて》に気《き》持《も》ちがつたわりやすくなる。

そのために、まず声は、のどではなくて、おなかから出すこと。

次《つぎ》は、あくびをしたときの㋑口の大きさをおぼえよう。口をしっかり開《あ》けて母音《ぼいん》をはっきり発声《はっせい》する。いろいろな言葉《ことば》を、母音だけで発声する方ほうもある。たとえば㋒「ありがとう」なら「アイアオウ」と、これをくり返《かえ》すときれいな発音になる。

あとは、はっきりした声でも、ぼう読みにならないようにする。

---

1 ㋐のために、声は、どこから出しますか。（5点）

〔　　〕

2 ㋑は、何をしたときの大きさですか。（5点）

〔　　〕

3 どんな発声の仕方《しかた》がいいですか。（10点）

□をはっきり発声する。

4 ㋒を母音だけで書きましょう。（10点）

あ	り	が	と	う
□	□	□	□	□

〈母音《ぼいん》の形〉

かがみで口の形を見ながら練習《れんしゅう》しましょう。

㋐

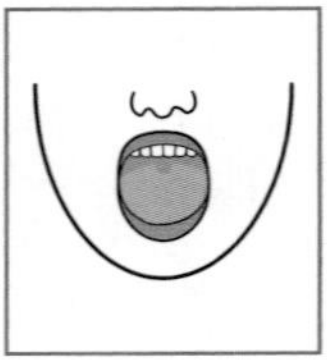

口の形はリンゴをかじるときのようなイメージ。のどを大きく開いて発音《はつおん》します。

㋑

「エ」の形で、「エ」よりもさらに口は横《よこ》に開《ひら》きます。

㋒

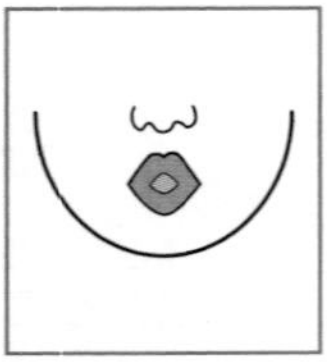

「オ」の形から、くちびるを前にします。

㋓

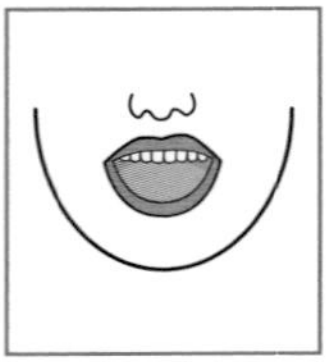

「ア」の形から、したの先を少しうかすようにします。

㋔

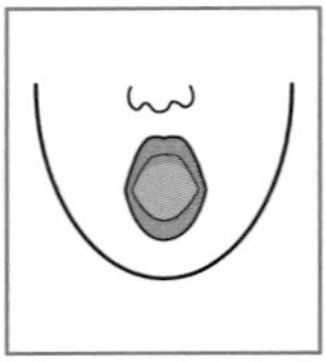

「ア」の形から、くちびるをたてにのばして、前に出します。

こたえ

1 おなか

2 あくび

3 母音

4 アイアオウ

あし

㋐二頭の馬が、まどのところで昼ねをしていました。一頭が、くしゃみをして目をさましました。

ところが、後ろ足が一本しびれていたので、㋑さっぱり力が入りません。友だちの馬をゆり起《お》こしました。

「たいへんだ、後ろ足を一本、だれかにぬすまれてしまった。」

「ちゃんとついてるんじゃないか。」

「いや、これはだれかの足だ。ぼくの思うままに歩かないもの。ちょっとこの足をけとばしてくれ。」

「ぼくのじゃない、いたくないもの。ぼくの足ならいたいはずだ。」

---

1 ㋐は、何をしていましたか。（5点）

［　　　　］

2 ㋑で、足をどうされたと思いましたか。（5点）

［　　　　］と思った。

3 なぜ、2だと思ったのですか。（10点）

［ぼくの　　　　］

4 自分の足かたしかめるために、友だちに何をおねがいしましたか。（10点）

［　　　　］

〈その後のお話〉

それから、馬はぬすまれた足を見つけに、よろけながら出かけていきました。

イスなどをつぎつぎにけっても、「いたい」とは言わずに、こわれていくだけです。

馬は帰ってきて、友だちの馬の足をけりました。友だちの馬が「いたい。」とさけんだので、「ぼくの足をぬすんだのは、君《きみ》だろう。」と言いました。

そのとたん、友だちの馬にけりかえされ、とび上がるほどいたかった。そして、やっと自分の足は、ぬすまれたのではなく、しびれだったとわかったのです。

こたえ

1 昼ね

2 （だれかに）ぬすまれた

3 （ぼくの）思うままに歩かないから

4 （この足を）けとばしてもらうこと

カラスのやさしさ

カラスのグループのボスは、自分より下のオスに毛づくろいする。そのオスが、こわさでおびえていても。

なぜ、㋐そのような行動《こうどう》をするのか。それは、メスに、自分には強さだけではなく、弱い者《もの》にも㋑やさしくするところもあることをアピールするためらしい。カラスは、人間と同じところがあって、一度《いちど》ペアになると、一生、同じ相手《あいて》とすごし、子育《そだ》てなどもいっしょにする。だから、メスは、相手をよく考えてえらぶ。それで、オスは、先ほどの行動をしてメスに気に入ってもらえるようにするのだ。

---

1 ㋐は、どんな行動ですか。（15点）

グループの［　　］が、自分より［　］のオスに［　　　　　］する行動。

2 ㋑は、だれにするのですか。（5点）

［　　］

3 なぜ、㋑をするのですか。（10点）

［　　　　　　　　］

カラスのボスは自分より下のカラスの毛づくろいをします。
それは、メスにやさしさをアピールしているのです。

こたえ

1 ボス　下
毛づくろい

2 メス

3 （メスは、相手をよく考えて選ぶので、）メスに気に入ってもらえるように。

ピーマンは、なぜ苦い

ピーマンぎらいな子が多いのは、しぜんなことなのです。なぜかというと、人間はしたで味《あじ》を感《かん》じますが、そのうち「苦《にが》み」㋐は、どくと感じてさけるからです。

なぜ、ピーマンは苦いのでしょうか。それは、緑色《みどりいろ》のピーマンは、まだじゅくしていないからです。植物《しょくぶつ》は、鳥などに実《み》を食べてもらって、タネを遠くまで運《はこ》んでもらっています。だから、じゅくす前に鳥や虫に食べられてはこまるのです。

ピーマンもとらないでいると、実が赤くなり、あまくなってきます。

1　どうしてピーマンのきらいな子が多いのですか。（5点）

ピーマンは［　　］から。

2　したは、㋐を何だと感じますか。（10点）

［　　］

3　緑色のピーマンは、なぜ苦くなっているのですか。（15点）

［　　　］す前に、［　］や［　］などに食べられないようにするため。

〈ピーマンとゴーヤ〉

苦《にが》みは、ピーマンだけでなく、ゴーヤもそうです。

実《じつ》は、ゴーヤもかん全《ぜん》にじゅくす前にじゅうかくしているのです。だから、ゴーヤはじゅくすと、緑《みどり》から黄色、オレンジ色になります。

中のタネは赤く、タネのまわりの赤いゼリーじょうは、くだもののようなあまさがあります。

こたえ

1 苦い

2 どく

3 じゅく

鳥　虫

（じゅん番は自由《じゆう》）

動物にも血えきがたはあるの？

人間には、Ａ、Ｂ、Ｏ、ＡＢの四つの血《けつ》えきがたがある。では、ほかの動物《どうぶつ》にも、血えきがたはあるのだろうか。

人間に近いサルには、人間と同じように四つの血えきがたがある。また、馬や牛、ブタなどほとんどの動物にも血えきがたはある。その中で、犬は、十三しゅるいの血えきががあり、ネコは、Ａ、Ｂ、ＡＢがたの三しゅるいの血えきがたがある。

人間は、ちがう血えきがたでゆ血できないが、犬は一度《いちど》だけなら、ちがう血えきがたでも、血えきがかたまらないので、ゆ血できるのだ。

1 人間に近いサルは、どんな血えきがたがありますか。（10点）

［　・　・　・　］

2 ネコの血えきがたを書きましょう。（10点）

［　・　・　］

3 犬は、どうして一度だけなら、ちがう血えきがたでもゆ血できるのですか。（10点）

［　　　　］

〈動物《どうぶつ》の血えきがた〉

馬…A、C、D、K、P、Q、T、Uがた

牛…ほとんどBがた

ブタ…Aがた（90%）、Bがた（10%）

羊《ひつじ》…B、Oがた

チンパンジー…A、Oがたが多い

ゴリラ…すべてBがた

カエル…ABがた

ヘビ…A、Bがた

魚るい…すべてAがた

こたえ

1 A・B・O・AB（じゅん番は自由《じゆう》）

2 A・B・AB（じゅん番は自由）

3 血えきがかたまらないから

37 理由を考える
カメはなぜおそいのか

歩きが一番おそい動物《どうぶつ》と言われるカメは、なぜ速《はや》く走れないのか。

それは、まずカメは、体重《たいじゅう》の三わりにもなる重《おも》いこうらを持《も》っていること。体重五十キロの人が十五キロの荷物《にもつ》を持っているのと同じだ。

次《つぎ》に、カメの足は短《みじか》く、曲《ま》がっているので、㋐速く走れる体のつくりになっていない。また、てきに出会っても、こうらにかくれればいいし、食《しょく》事《じ》も草なので、えものを追《お》いかけなくてもよい。

㋑カメは速く走れないのでなくて、そうしなくても生きていけるようになっているのだ。

---

1 カメは、何と言われていますか。（10点）

歩きが［　　　　］動物

2 ㋐について書きましょう。（10点）

① ［　　　　］を持つ。

② 足は［　　　　］。

3 カメは、どうして㋑なのですか。（10点）

① ［　　　　］にかくれる。

② えものを［　　　　］てもよい。

〈カメの体〉

リクガメ

こたえ

1 一番おそい

2 ① 重いこうら
② 短く、曲がっている

3 ① こうら
② 追いかけなく

肉食きょうりゅうから生まれた鳥

鳥㋐は、大昔《おおむかし》の「肉食きょうりゅう」の生きのこりです。

肉食きょうりゅうは、後ろ足で歩くので、前足は、短《みじか》くなっています。その前足に小さな羽毛が生えたきょうりゅうがあらわれました。その中から前足にあるツメを使《つか》って木に登《のぼ》るものがあらわれ、木の上でくらすものが出てきました。そこは、安全《あんぜん》でえさもたくさんあったからです。そして、木と木の間をとびうつっているうちに、羽毛からつばさの形になったものが出てきました。

それが、今の鳥につながっているのです。

---

1 ㋐は、何の生きのこりですか。（10点）

［　　　　］きょうりゅう

2 1からなぜ㋐になるか考え、書きましょう。（①②5点、③10点）

① ・きょうりゅうの前足に

［　　　　］が生える。

② ・前足を使って、木に登る。

木と木の間を

［　　　　］。

③ ②をしているうちに、羽毛から

［　　　　］を手に入れたから。

〈鳥は肉食きょうりゅうの生きのこり〉

こたえ

1 肉食

2 ① （小さな）羽毛

② とびうつる（とびうつっている）

③ つばさ

オオアリクイの口

㋐オオアリクイの口は、長い鼻《はな》の先についています。その口は歯《は》がなく、一センチメートルほどしか開《ひら》きません。しかし、したの長さは、六十センチメートルもあります。その長くてベタベタしたしたをすばやく出し入れさせて、岩のおくにいるシロアリをなめとります。

このほかに、アリやシロアリを食べる動物《どうぶつ》に、アルマジロがいます。㋑どちらも、口のあたりがにていいます。食《た》べ物《もの》によって口の形がにてくるのです。

---

1 ㋐のとくちょうを書きましょう。（10点）

① 〔　　〕がない。

② したの長さは、〔　　〕センチメートルもある。

③ したは、〔　　〕している。

2 ㋐とにている動物は何ですか。（10点）

〔　　〕

3 どうして、㋑になるのですか。（10点）

□□□が同じだから。

〈アルマジロとオオアリクイ〉

〈アルマジロ〉
体長　75 ～100センチメートル

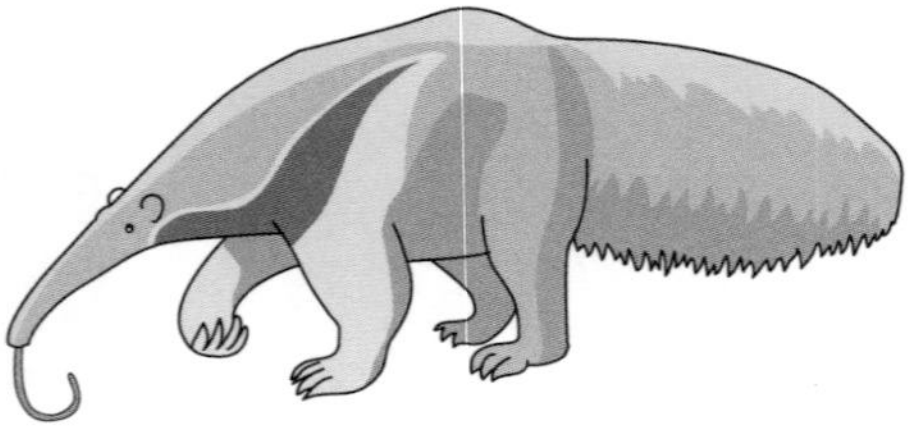

〈オオアリクイ〉
体長　100 ～130センチメートル

こたえ

1
① 歯
② 六十
③ ベタベタ

2
アルマジロ

3
食べ物

40 ドングリをうめるカケス

秋の終《お》わりごろ、森の中から「㋐ジェージェー」と鳥の鳴き声が聞こえる。それは、カケスというカラスのなか間だ。

この鳥には、㋑おもしろい習《しゅう》せいがある。冬がくる前、ドングリを一度《いちど》に三～六こぐらい飲《の》みこんでは運《はこ》び、地中にうめる。そのとき、一こは、くちばしの先にくわえている。

うめたドングリは、後でほり出して食べるのだが、なかにはわすれられたものもある。それが、めを出して育《そだ》っていく。

カケスが㋒うめたドングリが、森をつくるというしぜんのつながりがある。

---

1 ㋐は、何という鳥ですか。（10点）

［　　　　］

2 ㋑について書きましょう。（10点）

① くちばしの先に、
［　　　　］。

② ［　　　　］を地中にうめる。

3 ㋒は、どんなつながりですか。（10点）

カケスがわすれたドングリが、

〈カケス〉

ドングリをくわえるカケス

こたえ

1 カケス

2 ① 一こくわえる

② ドングリ

3 森をつくる

決まった時こくに鳴くセミ

日本では、ミンミンゼミやクマゼミのように、一日中鳴いているセミが多い。

しかし、トラックしょ島《とう》には、㋐いつも決まった時こくに鳴くセミがいる。それは、体が緑色《みどりいろ》で、とう明な羽を持《も》ち、「チリッチリッ」と鳴くミドリチッチゼミである。その時こくは、いつも決《き》まっていて、夕方の五時五十六分。しかも、日によるズレは、四分しかないという。

日本でも沖縄《おきなわ》にいるクロイワゼミだけは、夕方の七時十五分になると鳴く。

これらのセミは、のうにある「体内時計」がはたらいているのだ。

---

1 ㋐のセミの名前を書きましょう。（10点）

① トラックしょ島《とう》　［　　　　］ゼミ

② 日本（沖縄《おきなわ》）　［　　　　］ゼミ

2 1のセミは、いつ鳴きますか。（10点）

① 「　　」の「　　」

② 「　　」の「　　」

3 のうの何がはたらくから、㋐ができるのですか。（10点）

［　　　　］

〈クロイワゼミ〉

十八〜二十三ミリメートル
全身《ぜんしん》があざやかな黄緑《きみどり》色《いろ》から緑色。
目は、とても大きく、はい色。
羽は、とう明で、うすい緑色。

こたえ

1 ① ミドリチッチ
② クロイワ

2 ① 夕方　五時五十六分
② 夕方　七時十五分

3 体内時計

冬みんするエゾシマリス

エゾシマリスとエゾリスは、同じリスのなか間で、すんでいる所《ところ》もどちらも北海道だけです。

ちがいは、エゾシマリスは㋐冬みんをするということです。そのとき、ときどき目をさまして、ドングリを食べます。そのために、すあなにドングリを運《はこ》んでおきます。だから、エゾシマリスにはドングリを㋑一度《いちど》に多く運べるように、ほおぶくろがあります。

しかし、エゾリスは冬みんしなくて、クルミなどをすぐに食べるので、ほおぶくろがありません。

---

1 ㋐は、何リスですか。（5点）

［　　　　］

2 ㋐の生活について書きましょう。（15点）

冬みん中でも、ときどき［　　　　］をさまして、［　　　　］を食べるために、それを［　　　　］に運ぶ。

3 ㋑のために何がありますか。（10点）

［　　　　］

〈エゾリスとエゾシマリス〉

〈エゾリス〉

〈エゾシマリス〉
木の実《み》などをほおぶくろに入れているところ

※エゾ→北海道の昔《むかし》の名前

こたえ

1 エゾシマリス

2 目
ドングリ
すあな

3 ほおぶくろ

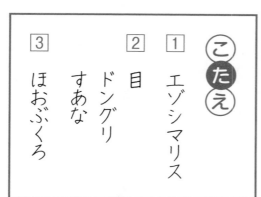

動物の口

動物《どうぶつ》の口の形はさまざまです。鳥のようなかたくて長いくちばし、カバのような大きな口。

どうして、動物によって口の形がちがうのでしょうか。

㋐リスの口は、まるでふくろのように大きくふくらみます。大すきなドングリを口の中に入れ、持《も》ち帰《かえ》るためです。

㋑ライオンの口の中には、長いキバと、するどいおく歯《ば》があります。長いキバをえものにくいこませて、とがったおく歯でかみ切るためです。

このように、動物の口の形は、食べる物《もの》と大きくつながっているのです。

---

1 たずねている文の、始《はじ》めの四文字を書きましょう。（5点）

□□□□

2 ㋐は、どのようにふくらみますか。（5点）

〔　　〕

3 ㋑は、何と何がありますか。（10点）

〔　　〕

4 1の答えを書きましょう。（10点）

〔　　〕と大きくつながっているから。

〈動物の口〉

リスの口

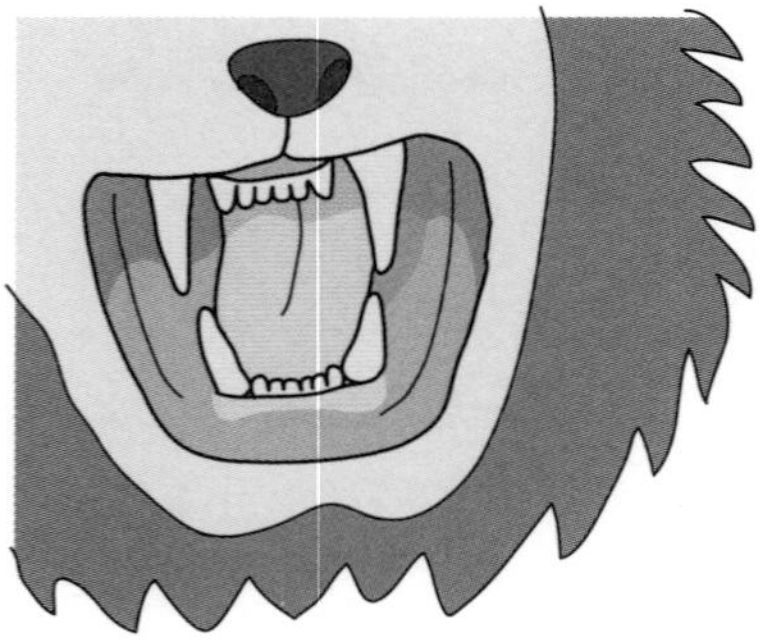

ライオンの口

こたえ

1 どうして

2 ふくろ

3 長いキバとするどいおく歯

4 食べる物

シロサイとクロサイ

アフリカには、クロサイとシロサイがいる。色のちがいで名前がついているように思われるが、どちらもはい色で、あまりちがいはない。

口の形がちがうのである。クロサイは、木の葉《は》を食べるので、葉をもぎとりやすいように口先がとがっている。

一方、シロサイは、地面《じめん》の草を一《いち》度《ど》にたくさんむしり取られるように口が平《たい》らになっている。口が広がっているので、口が「ワイド（広い）」なサイと言われた。そのワイドが聞きまちがって「ホワイト（白）」となってシロサイになり、もう一方をクロサイとよぶようになったらしい。

1 シロサイとクロサイのちがいはどこですか。（10点）

2 どうしてちがうようになったのか表《ひょう》にまとめましょう。（10点）

	シロサイ	クロサイ
食べ物（もの）		
口の形		

3 シロサイとは、どの言葉《ことば》から言われるようになりましたか。（10点）

⇓

（白）

〈口の形に注目《ちゅうもく》しよう〉

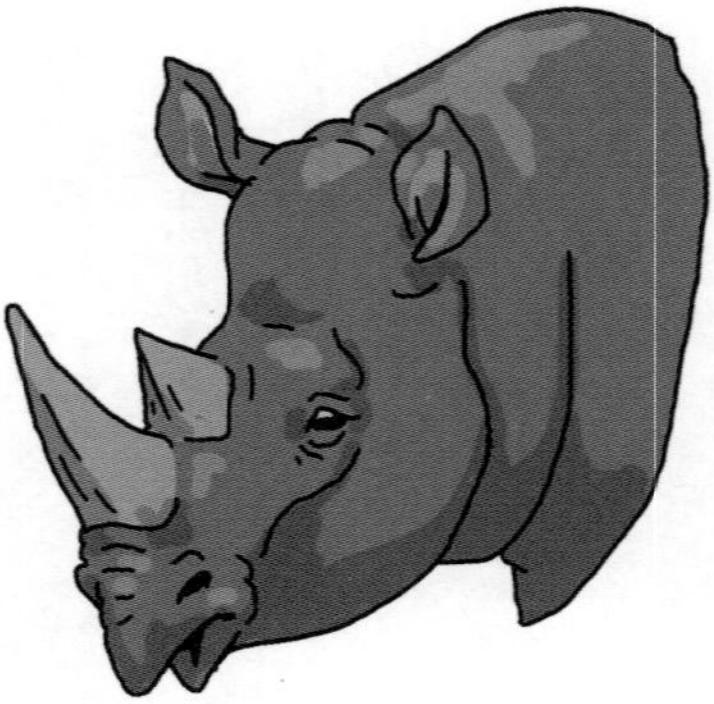

クロサイ

シロサイ

こたえ

1 口の形

2

	食べ物	口の形
シロサイ	地面の草	平ら（広い）
クロサイ	木の葉	口先がとがっている

3 ワイド　ホワイト

イルカは目が見えているか

月　日

点/30点

イルカはし力が弱いので、音波《おんぱ》を出してエサなどをさがしていると言われている。

しかし、本当はどれぐらい、㋐ものを見分ける力があるのかを調《しら》べてみることにした。

実《じっ》けんでは、○や□など九つの図形のうち、一こを見せておぼえさせる。次《つぎ》に、それとべつの一こと、二つならべる。そして、先に見せたのと同じ図形を鼻《はな》でつつけば正しいとするようにした。チンパンジーにも同じ実けんをしたが、あまりかわらなかった。

このことから、イルカも意外《いがい》と、目でものの形を見分けているかもしれない。

---

1 イルカは、何でエサなどをさがしていると言われていますか。（10点）

［　　］

2 ㋐は、どんな実けんですか。（10点）

① ○や□など九つの図形のうち［　　］を見せておぼえさせる。

② ①と、べつの一こをならべて、①と同じ図形を［　　］でつつく。

3 この文章《ぶんしょう》をまとめた文の、始《はじ》めの六文字を書きましょう。（10点）

［　　　　　　］

イルカも形を目で見分けているかも

こたえ

1 音波

2 ① 一こ

② 鼻

3 このことから

光るミミズ

㋐光るミミズとは、ホタルミミズのこと。長さ数センチ、太さ一ミリほどで、体は、半とう明。このミミズ、校庭《こうてい》やたて物《もの》のかげなど、あまり草の生えていない所《ところ》にいる。

このミミズをつつくと、黄《き》緑《みどり》色《いろ》に光るねばねばしたえきをおから出す。しかも、これが見つかるのがだいたい十一月ごろからで、春にはすがたを消《け》す。それで、㋑冬のホタルとも言われている。

てきに食べられそうになったときにおどろかすためだ、といわれているが、なぜ光るのかはまだはっきりしていない。

---

1 ㋐は、何ですか。（5点）

［　　　　　　］

2 ㋐は、どこにいますか。（15点）

［　　］や［　　］のかげ、

あまり［　　］の生えていない所。

3 どうして㋑と言われるのですか。（10点）

［　　］ごろに出てきて、

［　　］にはいなくなるから。

〈ホタルミミズの見つけ方のポイント〉

- 公園やたて物《もの》のかげなど、しめったところにいます。
- 細かいすながつもったように見えるふんのかたまりを見つけます。
- ふんのかたまりの下を二センチメートルほどほり返《かえ》してみます。

こたえ

1 ホタルミミズ

2 校庭　たて物　草

3 十一月　春

47 鬼六（おにろく）(1)

ある村の真《ま》ん中《なか》に、大きな川が流《なが》れていました。㋐その川は大へん流れが強くて速《はや》くて、昔《むかし》からだいだい、村の人が何度《なんど》橋《はし》をかけても、すぐ流されてしまいます。村の人たちもこまりきって、都《みやこ》で名高い大工の名人をよんできて、今度こそ決《けっ》して流れない、じょうぶな橋をかけてもらうことにしました。

㋑大工はせっかく見こまれてたのまれたので、うんといって引《ひ》き受《う》けてはみたものの、いよいよその場へ来てみて、さすがの名人も、㋒あっといっておどろきました。川の水はくるくる目の回るような速さで、うずをまいていました。

---

1 ㋐の川は、どこを流れていますか。（5点）

2 村の人たちは、どうすることにしましたか。（10点）

今度こそ

3 ㋑は、どんな大工ですか。（10点）

4 何を見て㋒となりましたか。そのところに——線を引きましょう。（5点）

〈決《き》まりをさがせ！〉

あるひみつのルールで漢字《かんじ》がならんでいます。
次《つぎ》の□に合う漢字は何かな。□からえらんで書きましょう。

① 丸 → 引 → 弓 → 牛 → □

古　才　元

ヒント　画数に注意《ちゅうい》！

② 記 → 線 → 語 → 絵 → □

海　組　話

ヒント　じゅん番と部首《ぶしゅ》！

③ 雲 → 園 → 岩 → 今 → □

回　活　新

ヒント　音読みは？

こたえ

1 ある村の真ん中

2 今度こそ決して流れない、じょうぶな橋をかけてもらうこと。

3 都で名高い大工（の名人）

4 川の水は……うずをまいていました。

（答え）① 才　② 話　③ 新

48 鬼六(おにろく)(2)

大工が川に行くと、おにが出て、「やくそくの目玉をよこせ」と言いました。大工は、「目玉のかわりに、ほかのお礼《れい》でゆるしてください」とねがい出ました。

(㋐)、おには、「いくじのないやつじゃ、じゃあためしに、おれの名を当ててみろ。」と、言いました。

(㋑)、大工はわざとでたらめに、いろいろ名前を言いました。

おにはわらっていました。しかし、だんだんあきて今にもとびかかってきそうになったとき、大工は、ありたっけの大きな声をはり上げて、

「おに六!」

と、どなりました

1 おには、大工に何をよこせと言っていますか。(5点)

〔　　　　〕

2 大工は、何を当てると、ゆるしてもらえますか。(10点)

〔　　　　〕

3 ㋐~㋑に入るつなぎ言葉《ことば》を□からえらんで〔　〕に書きましょう。(10点)

㋐〔　　　　〕

㋑〔　　　　〕

そこで　しかし　すると

4 2の答えは、何でしたか。(10点)

〔　　　　〕

〈どうして、おにの名前がわかったのか〉

大工が、どうしたらいいかと、こまっているところに、おに（おに六）があらわれた。そのとき、大工は、自分の目玉と交かんに、おにに橋《はし》をかけてもらうことをやくそくする。

橋はかけられないと思っていたが、おにはかんたんにかけてしまった。

こわくなった大工は、山の中ににげ出した。そのとき、たまたま子どもたちの歌が聞こえてきた。

おに六　どうした、橋かけた。

かけたらほうびに、

目玉、早もって来い。

それを聞いた大工は、ほっとして宿《やど》に帰ってねた。

こたえ

1　目玉

2　㋐おにの名（前）

3　㋑　すると　そこで

4　おに六

手ぶくろを買いに(1)

さむい冬が、きつねの親子の住《す》んでいる森へもやってきました。

ある朝、ほらあなから子どものきつねが出ようとしましたが、

「あっ。」

とさけんで、目をおさえながら母さんぎつねのところへころげてきました。

「母ちゃん、目に何かささった。ぬいてちょうだい、早く、早く。」

と言いました。

母さんぎつねがびっくりして、あわてふためきながら、目をおさえているアおそるおそる子どもの手を、おそるおそるとりのけて見ましたが、何もささってはいませんでした。

1　きつねの親子は、どこに住んでいますか。（10点）

森の［　　　］の中

2　どうして母さんぎつねのところへころげてきたのですか。（10点）

［　　　］に何かささったと思ったので、早く［　　　］ほしかったから。

3　アと同じような意味《いみ》の言葉《ことば》に○をつけましょう。（10点）

①（　）のんびりと
②（　）てきぱきと
③（　）こわごわと

〈その後のお話　①〉

子ぎつねにとってはじめての冬。母さんぎつねは、冷たくなった子ぎつねの手をあたためる手ぶくろを買いに町へいくことにする。

しかし、町に近づくと、昔、町でとてもこわい思いをしたことを思い出し、どうしても前に進めない。

そこで仕方なく、子ぎつねの片方の手を人間の手にかえ、本物のお金を持たせて一人で買いにいかせることにする。

そして、かならずお店では人間の方の手をだすように言い聞かせる。

こたえ

1　ほらあな

2　目
　ぬいて

3　③

手ぶくろを買いに(2)

子ぎつねは教えられたとおり、（㋐）と戸をたたきました。

「こんばんは。」

すると、中では何か（㋑）音がしていましたが、やがて、戸が一すんほどゴロリと開《あ》いて、光のおびが道の白い雪の上に長くのびました。

子ぎつねはその光がまばゆかったので、面《めん》くらって、㋒人間の手ではない方の手をすき間からさしこんでしまいました。

「このおててにちょうどいい手ぶくろください。」

すると、おやおやと思いました。

これはきっと木の葉《は》で買いに来たんだなと思いました。

---

1 ㋐・㋑にあてはまるようす言葉《ことば》を［　］からえらんで書きましょう。（10点）

㋐［　　　］

㋑［　　　］

［コトコト　トントン　ビクビク］

2 ㋒は、何の手ですか。（10点）

［　　　］の手

3 店の人は、子ぎつねは手ぶくろを買うのに、何ではらうと思ったのですか。（10点）

［　　　］

〈その後のお話　②〉

　ぼうし屋さんは、本物のお金だとわかると、子ぎつねの手に合う手ぶくろをわたしてくれた。

　帰り道、子ぎつねは、子どもをやさしくねかしつけるお母さんの歌声を聞くと、急に母さんぎつねを思い出す。

　そして、急いで帰って、町でのできごとを手ぶくろを見せながら話す。

　それでも、人間に追《お》いかけまわされ命からがらに、にげた母さんぎつねは、「本当に人間はいいものかしら、本当に人間はいいものかしら。」とつぶやく。

こたえ

1　㋐　トントン　㋑　コトコト

2　（子）きつね
　　（自分）

3　木の葉